...ein Buch, das keine Wünsche offen lässt...

An alle Naschkatzen und natürlich an alle, die es noch werden wollen!

Schlemmen Sie nach Lust und Laune, genießen Sie die Süßspeisen und denken einmal nicht an die Kalorien, sondern versüßen Sie sich einfach nur den Tag damit.

Ich wünsche Ihnen ganz viel Freude mit diesem Buch.

Viele liebe Grüße

Christine Haas

Anmerkungen / Tipps:

Ist nichts anderes angegeben, sind die **Einstellungen** für den **TM31** sowie für den **TM5** identisch.

Abkürzungen:

↶	Linksstufe	getr.	getrocknet
D.	Dose	l	Liter
Dampfg.	Dampfgaren (Varom.)	P.	Päckchen
EL / TL	Ess- / Teelöffel	Pr.	Prise
geh.	gehäuft	TK	tiefgekühlt
gem.	gemahlen / gemischt	Tr.	Tropfen
ges.	gesamt	W.	Würfel
gestr.	gestrichen		

Die Zutaten sind in „fetter" Schrift geschrieben, so müssen Sie das Rezept für den **Einkauf der Zutaten** nur überfliegen. Bitte lesen Sie das **gesamte Rezept** durch, bevor Sie mit der Verarbeitung beginnen.

Anstelle von **Backpapier** verwende ich gerne **Dauerbackfolie.**

Für weiche Teige bzw. zum Unterheben von z.B. Äpfeln eignet sich ein gewöhnlicher **Silikonspatel.**

Ich verwende das **Mehl Type 405.**

Die Gerichte sind als Hauptmahlzeit für **4 - 6 Personen** gerechnet.

Die **Backzeit** ist nur ein **Richtwert.** Ich backe alle Gerichte auf der **zweiten Schiene von unten** mit **Ober- und Unterhitze. Den Ofen heize ich vor.**

Tipps zu Apfel-Zwetschgenstrudel auf Seite 22:
Gefrorene Zwetschgen müssen nicht aufgetaut werden, einfach gefroren in Stücke schneiden. Frieren Sie Croissants in Stücken für den Vorrat ein, diese ebenfalls gefroren verwenden.
Und das ist ideal für Überraschungsgäste oder wenn die Äpfel aus dem Garten verarbeitet werden müssen: Frieren Sie die rohen Strudel ein. Denken Sie jedoch daran, dass sie nicht größer als die Auflaufform sind. Die Strudel gefroren in den Ofen schieben, jedoch dann 25 Min. vorbacken, Sahne dazu und in ca. 40 Min. fertigbacken. Eine weitere Möglichkeit: Bereiten Sie die Strudel schon vor und backen sie erst später bzw. am nächsten Tag. Die Strudel dann mit Alufolie abdecken, bis sie in den Ofen kommen. Oder frieren Sie die fertig gebackenen Strudel ein.

Bereiten Sie anstelle der Sahne einen Milchguss zu: 500 g Milch, 2 Eier und 2 P. Vanillezucker verrühren (5 Sek. / Stufe 5) und nach 20 Min. vorbacken darübergeben, danach weitere ca. 20 - 25 Min. backen. Ich finde den Strudel jedoch mit Sahne viel besser.

Johannisbeersoße:
Hierfür wandle ich die Kirschsoßen von Seite 94 ab.
Von 350 g aufgetauten Johannisbeeren den Saft in den Mixtopf wiegen und bis 350 g mit Traubensaft auffüllen, 150 g Wasser, 50 g Zucker, 1 P. Vanillepuddingpulver kochen. 6 Min. / 100° / Stufe 2
Beeren zugeben und erwärmen.
2 Min. / 100° / ↶ / Rührstufe

Tipps zu Mirabellen-Marzipanstrudel auf Seite 86:
Backen Sie nur einen Strudel mit Mirabellen. Dafür die Menge von Mirabellen, Weißwein und Zucker halbieren und nur 5 Min. erhitzen.
Für den zweiten Strudel 350 g Äpfel in Viertel bzw. Stücke (entkernt gewogen, sie müssen nicht geschält werden), 20 g Zucker 3 - 4 Sek. / Stufe 4 im Mixtopf zerkleinern und den Strudel damit füllen (die Äpfel müssen nicht gekocht werden).

Für einen **Zwetschgenstrudel**, für die komplette Menge: 800 g Zwetschgen geviertelt (entsteint gewogen), 70 g Weißwein, 50 g Zucker erhitzen.
6 - 7 Min. / 100° / ↶ / Stufe 1 (Da Zwetschgen saftiger sind, bleibt etwas mehr Saft übrig. Reichen Sie ihn z.B. zum Eis.)
Anstelle Mirabellenmarmelade: Zwetschgenmarmelade, restliche Zubereitung wie beim Mirabellen-Marzipanstrudel.

Tipp zu Rhabarberkompott auf Seite 120:
Verwenden Sie für das Kompott gefrorenen Rhabarber: ca. 9 Min. anstelle 5 Min. kochen und mit der Speisestärke nochmals ca. 2 Min. aufkochen.

Tipp zu Crumble/Streusel auf Seite 134:
Mit geschmolzener Butter und mit Zucker bestreut, finde ich, werden Streusel (auf Englisch: crumble) noch knuspriger. Und Nüsse machen die Streusel so richtig gut. Ersetzen Sie bei Ihren eigenen Rezepten einen Teil des Mehls durch gem. Nüsse.

Füllungen zu den Rohrnudeln auf Seite 122:

Mohn-Marzipannudeln: 40 g Mohn 50 Sek. / Stufe 10 mahlen, 150 g Marzipan-Rohmasse in Stücken zugeben und 5 Sek. / Stufe 6 zerkleinern, 30 g Zucker, 40 g Milch 10 Sek. / Stufe 5 unterrühren (zum Schluss jedoch nicht mit Zimt-Zucker bestreuen).

Backzeit: ca. 45 Min.

Hier reiche ich gerne Apfelkompott dazu.

Zimtnudeln: 40 g zerlassene Butter, etwas abgekühlt, mit 2 EL Zucker, 2 geh. TL Zimt vermischen.

Zwetschgennudeln: Mit je 1 geh. TL Zwetschgenmarmelade oder mit je 1 geachtelten Zwetschge füllen.

Schokonudeln: Mit je 1 geh. TL Nutella® füllen (zum Schluss nicht mit Zimt-Zucker bestreuen).

Verarbeitung:
Die Nudeln auf bemehlter Arbeitsfläche mit der Hand flach drücken bzw. ausrollen, mit der Füllung bestreichen, dabei einen Rand freilassen, aufrollen und so formen, dass keine Füllung austreten kann.

Die Mengenangaben für die Mohn- und Zimtnudeln sind für die komplette Teigmenge gerechnet. Halbieren Sie doch die Mengen jeweils und bereiten eine Hälfte mit Mohn-Marzipan und eine Hälfte mit Zimt zu.

Apfelbällchen mit cremiger Vanillesoße

Saftige Früchtchen süß umhüllt!

Das ist eines meiner Leibgerichte. Die Rotweinzwetschgen passen auch super dazu.

Reste können Sie gut in der Mikrowelle aufwärmen. Verdünnen Sie die Vanillesoße nach Belieben mit Milch. Ich mag sie gerne cremig. Eine tolle Soßenabwandlung: etwas Raspelschokolade, geröstete Mandelblättchen oder Zimt bzw. Mohn und Marzipan (siehe auch Mohnsoße) zugeben.

Apfelbällchen:

60 g Zucker im Mixtopf
pulverisieren und <u>umfüllen</u>. — 10 Sek. / Stufe 10

10 g Zitronensaft, 400 g Äpfel
in Viertel bzw. Stücke (entkernt gewogen, sie müssen nicht geschält werden) zerkleinern
und <u>umfüllen</u>. — 3 - 4 Sek. / Stufe 4

1 Ei, 1 P. Vanillezucker,
Puderzucker verrühren. — 1 Min. / Stufe 4

250 g Mehl, Äpfel
unterheben. — 40 Sek. / ↶ / Stufe 2

Je 1 geh. EL (ges. ca. 15 Bällchen) abstechen und in kochendes Salzwasser (breiter Topf) geben.

In 12 - 15 Min. gar ziehen lassen. Achtung, dass die Bällchen in der Mitte nicht mehr teigig sind. Mit einem Schaumlöffel herausnehmen.

80 g Butter in einer Pfanne zerlassen, **90 g Paniermehl, 50 g Zucker** untermischen und die Bällchen darin wälzen.

cremige Vanillesoße:

250 g Milch, 2 Eier (<u>oder</u> 4 Eigelb), 1 Pr. Salz, 15 g Zucker, 1 P. Vanillezucker, Mark einer ½ Vanilleschote
im Mixtopf erwärmen. — 6 Min. / 80° / Stufe 4

Apfelkrapfen Apfelwaffeln

Genießen wie im Paradies, diese beiden Teilchen versüßen Ihnen garantiert den Nachmittag!

Reichen Sie z.B. eine Vanille- oder Weinsoße dazu.

Waffeln: siehe auch Tipp auf Seite 30.

Sind Sie allergisch gegen Äpfel? Testen Sie Äpfel von einem sehr alten Apfelbaum. Diese Sorten sind meist viel bekömmlicher.

Vertragen Sie Frittierfett nicht? Probieren Sie das Palmin® soft aus.

Apfelkrapfen:

10 g Zitronensaft, 350 g Äpfel in Viertel bzw. Stücke (entkernt und geschält gewogen) grob zerkleinern und umfüllen. 1 - 2 Sek. / Stufe 4

130 g Milch, 1 W. Hefe, 100 g Zucker, 80 g Butter in Stücken erwärmen. 5 Min. / 37° / Stufe 2

500 g Mehl, 2 Eier, Äpfel unterkneten. 2 Min. / Knetstufe

Mit dem Spatel kurz durchrühren. Den Teig im Mixtopf ca. 30 Min. gehen lassen (bis der Topf voll ist).

1 l Frittierfett (z.B. Palmin® soft) in einem Topf erhitzen. Mit einem Esslöffel Nocken abstechen und backen. Achtung, dass sie innen durch sind.

Mit Zimt-Zucker servieren oder die Krapfen darin wälzen. / Menge: ca. 35 Stück

Apfelwaffeln:

10 g Zitronensaft, 300 g Äpfel (wie oben) zerkleinern, umfüllen. 2 – 3 Sek. / Stufe 4

180 g Butter in Stücken, **180 g Zucker, 100 g Milch, 4 Eier, 20 g Rum, 200 g Mehl, 50 g Speisestärke, ½ TL Backpulver** vermischen. 20 Sek. / Stufe 5

Äpfel unterrühren. 5 Sek. / ∩ / Stufe 5

Portionsweise im Waffeleisen goldbraun backen (ca. 10 Stück). Mit **Zimt-Zucker/Puderzucker** servieren.

Apfelkücherl

Apfelkücherl gab's schon zu Omas Zeiten, sie sind einfach himmlisch und immer eine Sünde wert!

Ich finde den Weinteig am besten. Und mit Pflaumen-Zimt-Eis schmeckt's auch gleich noch weihnachtlich.

Zimt-Wasser macht Frittiergerüche in der Küche angenehmer: In einem hohen Topf (damit es nicht überkocht) 200 g Wasser mit 1 TL Zimt aufkochen, Herd abschalten und noch stehen lassen.

150 g Mehl, 130 g Weißwein,
30 g Butter, 1 Pr. Salz,
2 Eier, 20 g Zucker
im Mixtopf verrühren. 20 Sek. / Stufe 5

oder:
200 g Mehl, 2 Eier,
1 Pr. Salz, 180 g Milch,
20 g Zucker verrühren. 20 Sek. / Stufe 5

1 l Frittierfett (z.B. Palmin® soft) in einem Topf erhitzen.

Tauchen Sie einen Holzlöffel in das Frittierfett. Es ist heiß genug, wenn kleine Bläschen aufsteigen.

Ca. 4 große Äpfel, entkernt, geschält und in 1 cm dicke Scheiben geschnitten, durch den Teig ziehen und goldbraun frittieren. Mit einem Schaumlöffel herausnehmen und abtropfen lassen.

Bleibt noch Teig übrig, vorsichtig in das Fett gießen und frittieren.

Mit **Puderzucker oder Zimt-Zucker** servieren. Ganz lecker mit Vanille-, Vanille-Mascarpone- oder Weinsoße oder reichen Sie lauwarmen Eierlikör dazu (siehe Foto links oben; das Rezept finden Sie in Band 4, Seite 20).

Menge: ca. 25 Stück

Schmeckt auch mit Ananasscheiben oder Birnenspalten (rechts auf dem Foto).

Apfellasagne

Möchten Sie mit ganz wenig Aufwand ganz viele Komplimente sammeln? Dann servieren Sie diese Lasagne, sie ist eins meiner absoluten Favoriten!

Sie werden überrascht sein, wie flott sie im Ofen ist… und wie schnell sie gegessen ist. Ob heiß, lauwarm, oder am nächsten Tag gut gekühlt, sie schmeckt immer.

Bestreuen Sie die Lasagne auch mal mit gehackten Haselnüssen oder Mandeln oder lassen Sie die Nüsse komplett weg. Bei uns gibt's meistens eine Hälfte mit und eine Hälfte ohne Nüsse.

½ TL Zimt, 450 g Äpfel in Viertel bzw. Stücke (entkernt gewogen, sie müssen nicht geschält werden) im Mixtopf zerkleinern und umfüllen. 1 - 3 Sek. / Stufe 4

40 g Butter in Stücken,
40 g Mehl, 30 g Zucker,
2 P. Vanillezucker, ¼ TL Salz,
500 g Milch erhitzen. 6 Min. / 80° / Stufe 3
300 g Vanillejoghurt (5 %) unterrühren. 5 Sek. / Stufe 3

Etwas Vanillesoße, **Lasagneblätter ohne Vorkochen (ges. 120 g)**, Soße, Äpfel, Lasagneblätter, Soße... in eine gefettete Auflaufform (ca. 28 x 20 cm) schichten; mit Soße beenden.

Mit **20 g geviertelten Walnüssen** bestreuen und backen.

Backzeit: 180°, ca. 55 Min.

Die Lasagne bereite ich meistens schon am Abend vorher zu. Nach dem Abkühlen mit Alufolie abdecken und kühl stellen. Ich backe sie dann am nächsten Tag. Die Backzeit beträgt nur ca. 45 Min.

Statt Vanillejoghurt 300 g gekochten, abgekühlten Vanillepudding verwenden. Mein Favorit ist die Variante mit Joghurt.

Apfel-Nutella®-Auflauf

Auf alle Fälle eine kleine Sünde wert!

Ein Rezept mit sehr viel Nutella® und - wie soll's auch anders sein - es ist wieder eines meiner Lieblingsrezepte.

Hier können mehrere mitessen, da man von einem kleinen Stück schon satt wird.

Der Auflauf schmeckt auch aus dem Kühlschrank wunderbar.

Vielen Dank an Burgi Eden für dieses traumhafte Rezept.

50 g Rosinen in **3 EL Rum** einlegen; am besten schon am Vortag.

30 g Haselnüsse
im Mixtopf hacken. 3 - 4 Sek. / Stufe 6 (TM31)
3 - 4 Sek. / Stufe 7 (TM5)

500 g Äpfel in Viertel bzw. Stücke (entkernt gewogen, sie müssen nicht geschält werden) zugeben und zerkleinern. 1 - 3 Sek. / Stufe 4

Saft von ½ Zitrone,
20 g Rum, 30 g gehackte Mandeln untermischen. ca. 5 Sek. / ↺ / Stufe 2

Die Äpfel in eine gefettete Auflaufform (32 x 22 cm, oval) geben, **1 gut geh. EL (50 g) Nutella®** in kleinen Klecksen mit 2 Teelöffeln darauf verteilen und mit den Rosinen bestreuen.

200 g Sahne, 150 g Nutella®
im Mixtopf vermischen. 10 Sek. / Stufe 3

Den Guss über die Äpfel gießen.

300 g Mehl, 200 g kalte Butter in Stücken,
80 g Zucker verarbeiten. ca. 25 Sek. / Stufe 5

Siehe auch Tipp auf Seite 134.
Die Streusel auf dem Auflauf verteilen und backen.

Backzeit: 200°, ca. 40 - 45 Min.

Aus dem Ofen nehmen und nach ca. 10 Min. genießen.

Apfel-Quark-Reis gebacken

Der Mix machts!

Den gab's bei uns schon immer, als wir noch Kinder waren. Der Auflauf ist ratz-fatz im Ofen.

Er schmeckt ähnlich wie der Apfel-Reisauflauf auf der nächsten Seite und doch irgendwie anders. Ich finde diesen sogar noch besser, aber testen Sie beide und entscheiden Sie selbst.

Servieren Sie Apfelkompott dazu.

50 g Rosinen in **3 EL Rum** einlegen; evtl. schon am Vortag.

Saft von einer ½ Zitrone,
350 g Äpfel in Viertel bzw.
Stücke (entkernt gewogen, sie
müssen nicht geschält werden)
im Mixtopf zerkleinern
und umfüllen. 1 - 3 Sek. / Stufe 4

400 g Magerquark,
120 g Zucker, 2 P. Vanille-
zucker, 90 g Butter, 3 Eier,
750 g Milch verrühren. 20 Sek. / Stufe 4
170 g Milchreis (roh),
Äpfel, Rosinen mit Rum
unterrühren. 10 Sek. / ↺ / Stufe 3

Die Masse in eine gefettete Bratreine oder Auflaufform (ca. 33 x 21 cm) geben, gut durchrühren und vorbacken.

Backzeit: 180°, 30 Min.

Das Ganze einmal gut durchrühren und weitere 70 - 75 Min. backen. Nicht wundern, der Auflauf wird so lange gebacken.

Haben Sie für den restlichen Quark keine Verwendung, nehmen Sie 500 g, ich finde den Auflauf aber mit 400 g besser.

Apfel-Reisauflauf

Eine süße Pause vom Alltag!

Heiß, warm und kalt sehr lecker.

Reichen Sie dazu das Birnen-Apfel-Kompott; der Auflauf schmeckt jedoch auch ohne was dazu.

Ist Ihnen der Auflauf nicht süß genug, einfach mit Puderzucker bestäuben.

Äpfel schäle ich oft gar nicht, dann geht's noch flotter und die meisten Vitamine stecken ja eh in der Schale bzw. gleich darunter, zumindest bei ungespritzten Äpfeln aus dem eigenen Garten.

Rühraufsatz einsetzen,
800 g Milch, 200 g Milchreis,
1 Pr. Salz im Mixtopf
kochen und in eine große
Schüssel umfüllen. 25 Min. / 90° / ↶ / Stufe 1

½ TL Zimt, Saft von einer
½ Zitrone, 350 g Äpfel in
Viertel bzw. Stücke (entkernt
gewogen, sie müssen nicht ge-
schält werden) zerkleinern
und umfüllen. 1 - 3 Sek. / Stufe 4

2 Eiweiß steif schlagen. (Hierfür verwende ich das Handrührgerät.)

2 Eigelb, 80 g Zucker,
Mark einer Vanilleschote
im Mixtopf vermischen. 20 Sek. / Stufe 4

Eischnee und Eigelbmasse zum Reis geben und vorsichtig untermischen.

Die Hälfte vom Reis und 2/3 der Äpfel in eine gefettete Auflaufform (ca. 28 x 20 cm) schichten, restlichen Reis und Äpfel einfüllen; die Äpfel etwas andrücken und backen.

Backzeit: 180°, ca. 35 Min.

Apfel-Striezel

Verführerisch dampfend kommt die Mehlspeise aus dem Ofen, da bleibt garantiert nix übrig!

Mein Leibgericht, einfach traumhaft lecker.

Kartoffelteige am besten gleich immer weiterverarbeiten.

Das Schweineschmalz gibt's beim Metzger. Leider ist es heutzutage etwas verrufen, aber ich verwende es trotzdem sehr gerne.

Geben Sie das Fett in die Bratreine und lassen es im Ofen kurz zerlaufen.

Am Vortag:
1 kg mehligkochende Kartoffeln kochen und schälen.

30 g zerlassenes Schweinefett oder Butterschmalz in eine Bratreine/Auflaufform (ca. 33 x 21 cm) geben.

Kartoffeln in Stücken, **350 g Mehl, 1 Ei, 1 TL Salz** im Mixtopf verkneten, den Spatel zum Mitrühren verwenden. 30 - 35 Sek. / Stufe 4

Nicht länger rühren, sonst wird der Teig klebrig! Mit den Händen evtl. kurz verkneten und evtl. noch etwas Mehl unterkneten (liegt an der Beschaffenheit der Kartoffeln).

Den Teig teilen, auf bemehlter Arbeitsfläche ausrollen (je ca. 40 x 30 cm), mit **200 g Sauerrahm** bestreichen.

300 g Äpfel in Viertel bzw. Stücke (entkernt und geschält gewogen) zerkleinern. 1 - 3 Sek. / Stufe 4

Die Äpfel auf dem Sauerrahm verteilen.

4 EL Zucker, ¾ TL Zimt vermischen, die Äpfel bestreuen und von der Längsseite her aufrollen. Die Rollen in ca. 6 cm lange Stücke schneiden und aufrecht (mit der Schnittfläche nach oben) in die Form stellen. Mit **200 g Sahne** begießen und backen.

Backzeit: 200°, ca. 55 – 60 Min.

Mit **Zimt-Zucker oder Puderzucker** servieren.

Apfel-Zwetschgen-Strudel

Ich finde diesen Strudel von allen Apfelstrudeln am allerbesten!

Er ist auch **nur mit Äpfeln** spitzenmäßig. Verwenden Sie dafür dann 500 g (2 - 3 Sek. / Stufe 4).

50 g Rosinen in **3 EL Rum** einlegen; evtl. schon am Vortag. **60 g Mandelblättchen (oder 40 g gehackte Mandeln, Hasel- oder Walnüsse)** in einer Pfanne ohne Öl rösten, umfüllen.

200 g Zwetschgen klein schneiden (frische oder gefrorene).

Siehe auch linke Seite und Tipps auf Seite 3!

400 g Mehl, 1 Ei, 60 g Öl,
130 g lauwarmes Wasser,
10 g Essig, ½ TL Salz
im Mixtopf verkneten. 2 Min. / Knetstufe

Den Teig teilen und ausrollen (je ca. 30 x 40 cm), mit **40 g zerlassener Butter** bestreichen. (Ich mag ihn nicht hauchdünn, rollen Sie ihn einfach beliebig dünn aus; ich lasse den Teig auch nicht ruhen.)

1 Croissant zerkleinern. 3 Sek. / Stufe 8
80 g Zucker, ½ TL Zimt,
Saft von einer kleinen Zitrone,
300 g Äpfel in Viertel bzw. Stücke
(entkernt gewogen, sie müssen
nicht geschält werden)
zugeben und zerkleinern. 1 - 2 Sek. / Stufe 4

Die Masse auf den Teigen verteilen. Rosinen, Mandelblättchen und Zwetschgen darübergeben, den Teig an den kürzeren Seiten etwas einschlagen, von der Längsseite her aufrollen, in eine gefettete Auflaufform (ca. 33 x 24 cm) geben und vorbacken.

Backzeit: 200°, 15 Min. (unterste Schiene)

Die Strudel mit **400 g Sahne** übergießen und weitere 30 Min. backen.

Mit **Puderzucker** bestäuben.

Aprikosen-Hefeknödel

Saftige Prachtstücke ganz, ganz schnell gemacht und sooo gut!

Und mit Zwetschgen oder Pflaumen mindestens genauso gut, wenn nicht sogar noch besser. Nehmen Sie je nach Größe der Zwetschgen oder Pflaumen 1 oder 1½ Stück je Knödel.

Sollte doch was übrigbleiben, kurz in der Mikrowelle aufwärmen und weiterschlemmen.

Diese Hefeknödel ohne Füllung können Sie auch gut z.B. zu Gulasch oder Wildgerichten servieren.

170 g Milch, ½ W. Hefe, 30 g Butterschmalz im Mixtopf erwärmen.	2 Min. / 37° / Stufe 2
450 g Mehl, 10 g Zucker, 1 Ei, 1 Pr. Salz unterkneten.	2 Min. / Knetstufe

Den Teig im Mixtopf ca. 30 Min. gehen lassen (bis der Topf voll ist).

10 Knödel formen, mit je einer entsteinten **Aprikose (ges. 10 Stück)** füllen, gut verschließen und abgedeckt nochmals 30 Min. gehen lassen.

Die Knödel in kochendes Salzwasser (breiter Topf) geben und bei mittlerer Hitze ca. 7 - 8 Min. ziehen lassen, umdrehen und weitere 7 - 8 Min. garen. Sie gehen im Wasser noch etwas auf, also nicht zu viele auf einmal in den Topf geben.

Mit einem Schaumlöffel herausnehmen.

Mit **Zimt-Zucker** und **viel geschmolzener Butter** servieren.

Bananen chinesisch

...wie beim Chinesen. Hier ist Widerstand zwecklos, die müssen Sie probieren!

Für alle die keinen Honig mögen: Bestäuben Sie die Bananen mit Puderzucker. Probieren Sie auch Birnenspalten, meine Testesser haben die Birnen sogar bevorzugt.

Gemahlene Kokosflocken schmecken auch im Kuchen feiner.

60 - 80 g Kokosraspel
im Mixtopf mahlen. 10 Sek. / Stufe 10
80 g Mehl, 200 g Wasser,
30 g Zucker, 1 Pr. Salz,
20 g Sesam unterrühren. 30 Sek. / Stufe 4

Mögen Sie gerne den Kokosgeschmack, dann nehmen Sie 80 g Kokosraspel, jedoch bleibt der Teig mit nur 60 g Raspel am Obst noch besser haften.

1 l Frittierfett (z.B. Palmin® soft) in einem Topf erhitzen.

Tauchen Sie einen Holzlöffel in das Fett. Es ist heiß genug, wenn kleine Bläschen aufsteigen.

9 - 10 mittelreife Bananen halbieren bzw. dritteln, im Teig wenden und frittieren. Mit einem Schaumlöffel herausnehmen und abtropfen lassen.

Mit **Sesam** bestreuen und mit **Honig** servieren.

Etwas dunkler als auf dem Foto gebacken schmecken sie auch vorzüglich.

Bleibt noch Teig übrig, mit einem Teelöffel Kleckse ins Fett geben und frittieren. Bei uns gibt's meistens eine Hälfte mit Obst und eine Hälfte ohne.

Bananen im Teigmantel mit Schokosoße

Eine fruchtig-exotische Idee für Naschkatzen!

Schmeckt auch mit Vanilleeis oder leicht erwärmtem Nutella®. Die Bananen sind kalt ebenso sehr fein.

Frittieren Sie zur Abwechslung Apfelscheiben oder schneiden Sie die Bananen in Scheiben, bevor sie im Teig gewendet werden (hier wird etwas mehr Teig verbraucht). Bleibt vom Teig was übrig, einfach am nächsten Tag verwenden.

Bananen im Teigmantel:
100 g Mehl, 40 g Zucker,
1 Ei, 60 g Weißwein,
60 g Wasser, 1 Pr. Salz
im Mixtopf verrühren. 40 Sek. / Stufe 4

50 g Kokosraspel in einer Pfanne ohne Öl rösten und umfüllen.

1 l Frittierfett (z.B. Palmin® soft) in einem Topf erhitzen.

Ca. 10 mittelreife Bananen halbieren bzw. dritteln, im Teig wenden und goldbraun frittieren. Mit einem Schaumlöffel herausnehmen und in den Kokosraspeln wenden bzw. in Scheiben schneiden und mit den Kokosraspeln bestreuen.

Den restlichen Teig frittiere ich gerne ohne Obst, einfach in das Fett gießen, aber unbedingt aufpassen, dass es nicht spritzt.

Schokosoße:
50 g Zartbitterschokolade,
50 g Vollmilchschokolade, jeweils in Stücken, **100 g Sahne**
im Mixtopf erhitzen. 4 Min. / 100° / Stufe 2

Die Soße schmeckt heiß, lauwarm und kalt und passt auch gut zu Eis. Wählen Sie die Schokolade ganz nach Ihrem Geschmack. Mischen Sie z.B. die restlichen Kokosraspel zur Soße.

Belgische Waffeln mit Himbeersoße

Wer liebt Sie nicht die leckeren Waffeln?

Sie bleiben länger knusprig, lässt man sie auf einem Kuchengitter auskühlen. Auf einem Teller gestapelt werden sie weich und zäh. Übrig gebliebene Waffeln schmecken wieder wie frisch, wenn Sie im Toaster aufgebacken werden. Ich friere sie auch gerne ein und gebe sie gleich gefroren in den Toaster. Ist ein Waffelteig recht dickflüssig, einfach noch etwas Milch zugeben.

Belgische Waffeln:

180 g Butter in Stücken,
30 g Hefe, 300 g Milch
im Mixtopf erwärmen. 3 Min. / 37° / Stufe 2

350 g Mehl, 1 P. Vanillezucker, 1 Pr. Salz,
2 Eier unterrühren. 30 Sek. / Stufe 4

Den Teig im Mixtopf ca. 30 Min. gehen lassen.

150 g Hagelzucker
unterrühren. 15 Sek. / ↶ / Stufe 5

Nochmals 15 - 30 Min. gehen lassen.

Portionsweise im Waffeleisen goldbraun backen.

Mit **Zimt-Zucker oder Puderzucker** servieren.

Menge: ca. 16 Stück

Himbeersoße:

300 g Himbeeren (frisch oder aufgetaut mit Saft),
30 g Zucker, 1 P. Vanillezucker im Mixtopf pürieren. 10 Sek. / Stufe 4

Mögen Sie die Soße noch etwas feiner, auf Stufe 10 pürieren.

Reichen Sie dazu **Vanilleeis.**

Die Himbeersoße passt gut zu Quark, vermischt mit etwas Naturjoghurt.

Birnendampfnudeln mit Mohn- und Weißweinsoße

Eine süße Sünde ohne Reue!

Im Topf ist noch Soße, die sehr gut schmeckt, sie wollte nur nicht mit aufs Foto, da sie nicht ganz so gut aussieht. Ich esse gerne auch die Wein- oder Mohnsoße dazu.

Bestreuen Sie die Dampfnudeln mit gemahlenem Mohn oder Mohn-Zucker.

Vielen Dank an meine Tante Rosmarie für dieses Lecker-Schmecker-Rezept.

Birnen-Dampfnudeln:
190 g Milch, 10 g Öl,
70 g Butter, 100 g Zucker,
1 Pr. Salz, 1 W. Hefe
im Mixtopf erwärmen. 2 Min. / 37° / Stufe 2
2 Eier, 500 g Mehl
unterkneten. 2 Min. / Knetstufe

Ca. 30 Min. gehen lassen (bis der Topf voll ist).

1 D. Birnen mit Saft (Abtropfgew. 460 g) in einen Topf geben (ca. 30 cm Ø oder auf 2 Töpfe verteilen).

750 g Milch, 200 g Sahne, 2 P. Vanillezucker zugeben und am Herd lauwarm erwärmen.

Den Teig mit etwas Mehl bestäuben, 8 Nudeln formen, in die Flüssigkeit setzen und den Deckel auflegen. Den Ofen ausschalten und 10 Min. auf der Herdplatte gehen lassen. Danach wieder einschalten und bei mittlerer Hitze ca. 30 Min. leicht köcheln lassen. Den Deckel vorsichtig abnehmen, damit der Wasserdampf nicht auf die Nudeln tropft.

cremige Mohnsoße (Foto vorne; schmeckt ähnlich wie die Vanillesoße):
250 g Milch, 2 Eier, 1 Pr. Salz,
15 g Zucker, 1 TL gem. Mohn
im Mixtopf erwärmen. 6 Min. / 80° / Stufe 4

Weißweinsoße (Foto hinten):
100 g Apfelsaft, 100 g Weißwein,
2 Eier, 1 Pr. Salz, 40 g Zucker
im Mixtopf erwärmen. 6 Min. / 80° / Stufe 4

Birnen-Grießauflauf

Eine feine fixe Mischung!

Wieder ein Rezept von meiner Mama und wieder traumhaft, der Auflauf zergeht auf der Zunge.

Lauwarm find ich ihn am besten.

Abgekühlt schmeckt er wie ein Käsekuchen.

Der Auflauf ist auch mit Äpfeln sehr gut, oder mischen Sie Äpfel und Birnen, das schmeckt auch vorzüglich. Wer's gerne sehr fruchtig mag, nimmt 500 g Obst.

Saft von einer ½ Zitrone,
350 g Birnen in Viertel
bzw. Stücke (entkernt und
geschält gewogen) im Mix-
topf zerkleinern und umfüllen. 1 - 3 Sek. / Stufe 4

Sind die Birnen sehr saftig, den Saft vom Zerkleinern abgießen.

750 g Magerquark,
3 Eier, 150 g Zucker,
180 g Butter in Stücken,
120 g Weichweizengrieß,
3 gestr. TL Backpulver
cremig rühren. 30 Sek. / Stufe 5

Birnen nur mit dem Spatel unterrühren.

Die Masse in eine gefettete und mit **1 EL Semmelbrösel** bestreute Auflaufform (ca. 28 x 20 cm) geben und backen.

Backzeit: 180°, ca. 60 Min.

Hervorragend dazu passt die **Weißweinsoße.**

Und mal etwas ganz anderes: Essen Sie Nudeln, z.B. Spirelli, zur Weißweinsoße.

Bratäpfel aus dem Ofen mit Vanille-Mascarpone-Soße

Mmh.. der Duft, der Geschmack... voll lecker, das sind einfach die besten!

Bratäpfel sind etwas Wunderbares und noch dazu leicht zu machen. Das Knuspermüsli gibt den richtigen Biss dazu und die total leckere Soße rundet das Ganze geschmacklich fein ab.

Die Mengen lassen sich z.B. für Gäste auch problemlos erhöhen.

Danke an Clarissa Schreiner für dieses Rezept.

Bratäpfel aus dem Ofen:

50 g getr. Aprikosen
im Mixtopf zerkleinern. ca. 5 Sek. / Stufe 7 (TM31)
ca. 7 Sek. / Stufe 7 (TM5)

50 g Knuspermüsli mit Rosinen,
50 g sehr weiche Butter
unterrühren. 6 Sek. / ↶ / Stufe 3

4 Äpfel (ca. 500 g, am besten Boskop) vierteln, entkernen und in eine gefettete Auflaufform (ca. 28 x 20 cm) legen, **2 TL Honig** mit dem **Saft einer kleinen Zitrone** verrühren und die Äpfel damit beträufeln.

Die Füllung auf den Äpfeln verteilen und backen.

Backzeit: 200°, ca. 20 - 22 Min.

Die Backzeit richtet sich nach Konsistenz der Äpfel.

Vanille-Mascarpone-Soße:

100 g Milch, 2 Eier,
1 Pr. Salz, 20 g Zucker,
Mark einer ½ Vanilleschote,
100 g Mascarpone
im Mixtopf erwärmen. 6 Min. / 80° / Stufe 4

Je nach Belieben noch etwas Milch zugeben.

Bratäpfel aus dem Thermi

Lecker-Schmecker-Äpfel und in der Adventszeit nochmal so gut!

Reichen Sie dazu geröstete, gehackte Mandeln bzw. Mandelstifte.

Die Füllung können Sie beliebig variieren. Cranberries z.B. bringen nicht nur Farbe, sondern auch eine fruchtige Note in den Apfel. Spekulatius-Brösel geben schon einen Vorgeschmack auf Weihnachten.

Mein Favorit sind die mit Marzipan.

Füllung, jeweils für 4 Äpfel (Foto links):

30 g Haselnüsse im Mixtopf hacken, umfüllen. 3 - 4 Sek. / Stufe 6 (TM31)
3 - 4 Sek. / Stufe 7 (TM5)

80 g Marzipan-Rohmasse in Stücken zerkleinern. 3 Sek. / Stufe 6

20 g Rum, 30 g gehackte Mandeln, 20 g gehackte Haselnüsse unterrühren. 5 Sek. / Stufe 3

oder (Foto rechts):

50 g Marzipan-Rohmasse in Stücken, **5 Dominosteine** im Mixtopf zerkleinern. 3 Sek. / Stufe 6

20 g Mandelstifte, **10 g Rum, 10 g Rosinen** untermischen. 5 Sek. / ↺ / Stufe 3

4 Äpfel (ca. 500 g, am besten Boskop) halbieren, entkernen und in den Dampfgaraufsatz legen, mit dem **Saft einer ½ kleinen Zitrone** beträufeln und füllen.

500 g Wasser in den Mixtopf geben, alles aufsetzen und garen. ca. 12 - 15 Min. / Dampfg. / Stufe 1

Die Garzeit richtet sich nach Konsistenz der Äpfel.

Die Marzipan-Äpfel (Foto links) mit den restlichen gehackten Nüssen bestreuen.

Servieren Sie dazu die **Vanille-Mascarpone-Soße oder warmen Eierlikör.**

Buchteln

Die fruchtige Zwetschgenfüllung macht den Genuss perfekt!

Servieren Sie die Buchteln lauwarm oder direkt aus dem Ofen, da schmecken Sie (mir) am besten, sie sind jedoch auch kalt vorzüglich.

Wer die Marmelade nicht mag, lässt sie einfach weg. Bei uns gibt's meistens eine Hälfte gefüllt und eine Hälfte ohne Marmelade.

250 g Milch, 70 g Zucker,
80 g Butter in Stücken,
1 W. Hefe im Mixtopf
erwärmen. 3 Min. / 37° / Stufe 2
1 Ei, ¼ TL Salz,
500 g Mehl unterkneten. 2 Min. / Knetstufe

Den Teig im Mixtopf ca. 30 Min. gehen lassen (bis der Topf voll ist).

Den Teig in 12 Teile teilen, mit der Hand flach drücken bzw. ausrollen, **je 1 TL Zwetschgenmarmelade** darauf verteilen, zu Buchteln formen, so dass keine Füllung austreten kann und in eine gefettete Auflaufform (ca. 28 x 20 cm) geben.

Abgedeckt nochmals ca. 15 Min. gehen lassen.

250 g Milch, 20 g Zucker,
40 g Butter erhitzen. 3 Min. / 60° / Stufe 2

Den Guss über die Buchteln gießen und backen.

Backzeit: 180°, ca. 30 Min.

Dampfnudeln

Alle lieben Dampfnudeln!

Und wieder ein Top-Favorit von mir.

Da werden Kindheitserinnerungen wach. Meine Oma Mudl hat die Dampfnudeln in einem Kessel zubereitet. Da gab's dann auch immer die voll leckeren „Kesselbrogga". Kleine Stücke oder Teilchen heißen in Bayern Brogga.

Hierfür wird eine Dampfnudel in kleine Stücke geteilt und mit der restlichen Milch-Butter im Topf vermischt. Ein Traum!

250 g Milch, 80 g Zucker,
100 g Butter in Stücken,
½ **W. Hefe** im Mixtopf
erwärmen. 3 Min. / 37° / Stufe 2
2 Eier, 1 Pr. Salz,
500 g Mehl unterkneten. 2 Min. / Knetstufe

Den Teig im Mixtopf ca. 30 Min. gehen lassen (bis der Topf voll ist).

Den Teig mit etwas Mehl bestäuben und 8 Nudeln formen.

100 g Butter in einem Topf (ca. 24 cm Ø) zerlassen, **60 g Zucker** leicht anbräunen und **250 g Milch** zugeben. Die Nudeln in die warme Flüssigkeit setzen.

Den zugedeckten Topf am Herd zum Kochen bringen. Bei mäßiger Hitze ca. 30 Min. köcheln lassen, den Topf während dieser Zeit nicht öffnen. (Sehr gut eignet sich ein Topf mit Glasdeckel.) Zum Schluss den Herd evtl. nochmals kurz hochdrehen, wenn noch sehr viel Flüssigkeit im Topf ist, jedoch aufpassen, dass sie nicht anbrennen.

Den Deckel vorsichtig abnehmen, damit der Wasserdampf nicht auf die Nudeln tropft.

Mit **Vanille-, Mohn- oder Weinsoße** und **Kirschen aus dem Glas** servieren.

Frischkäse-Taler mit Erdbeerquark

Gut, dass es reichlich von diesen süßen Talern gibt; mit dem Quark ein fruchtiger Genuss!

Vielen Dank an Kornelia Knöll für dieses feine Rezept.

Variieren Sie beim Erdbeerquark. Möchten Sie es kalorienärmer, nehmen Sie Magerquark und statt Sahne Joghurt. Jedoch ist natürlich die „fettere" Variante viel besser. Ich esse ihn gerne pur. Auch als Dessert auf Partys kommt er immer gut an.

Frischkäse-Taler:
60 g Butter in Stücken,
600 g Doppelrahm-Frischkäse,
100 g braunen Zucker, 1 Pr. Salz,
1 TL Backpulver, 2 Eier,
250 g Weizenvollkornmehl oder
Weizenmehl Typ 405 im Mixtopf vermischen, den Spatel zum Mitrühren verwenden. ca. 40 Sek. / Stufe 6

Mit einem Esslöffel kleine Kleckse in eine Pfanne mit **Butterschmalz (ges. ca. 50 g)** geben und bei mittlerer Hitze von beiden Seiten goldbraun braten; nach dem Wenden etwas flachdrücken.

Mit **Puderzucker** bestäuben.

Menge: ca. 25 Stück

Erdbeerquark:
100 g Erdbeeren halbiert,
250 g Quark (20 %), 250 g Quark (40 %), 100 g flüssige Sahne,
70 g Zucker (oder braunen Zucker) im Mixtopf vermischen. 5 Sek. / Stufe 3

200 g Erdbeeren (ein paar zum Verzieren beiseitelegen) mit dem Messer kleinschneiden und mit dem Spatel unterrühren. Am besten ca. 1 Std. im Kühlschrank durchziehen lassen.

Germknödel Nussknacker

Germknödel mal etwas anders, lassen Sie sich von der Abwandlung überzeugen!

Die klassische Version: Statt der Nussmischung die Knödel mit Zwetschgenmarmelade füllen. Reichen Sie dazu gemahlenen Mohn mit etwas Zucker vermischt und zerlassene Butter.

Die Hefe sollte für die Weiterverarbeitung am besten immer Zimmertemperatur haben. Ich nehme sie meist schon am Vortag aus dem Kühlschrank.

40 g Haselnüsse
im Mixtopf hacken. 3 - 4 Sek. / Stufe 6 (TM31)
3 Sek. / Stufe 8 (TM5)

Die Nüsse in einer Pfanne ohne Öl rösten und umfüllen.

150 g Milch, 30 g Hefe,
40 g Butter, 25 g Zucker
erwärmen. 2 Min. / 37° / Stufe 2
340 g Mehl, 1 Ei,
½ TL Salz unterkneten. 2 Min. / Knetstufe

Den Teig im Mixtopf ca. 30 Min. gehen lassen (bis der Topf voll ist).

15 g zerlassene Butter, 30 g der gehackten Nüsse, **10 g Zucker** und **1 TL Honig** vermischen.

Den Teig mit etwas Mehl bestäuben und in 6 Stücke teilen, mit der Hand etwas flachdrücken, mit der Nussmischung füllen, gut verschließen, zu Kugeln drehen und in den gefetteten Dampfgaraufsatz geben. Weitere 30 Min. abgedeckt gehen lassen.

500 g Wasser in den
Mixtopf geben, alles
aufsetzen und garen. 28 Min. / Dampfg. / Stufe 1

Ca. 80 g Butter in einem Topf zerlassen, mit den restlichen Nüssen vermischen. Über die Knödel geben und je nach Belieben mit **Puderzucker** bestäuben.

Reichen Sie dazu das **Aprikosenkompott**.

Grießschnitten mit gedünsteten Äpfeln

Ein beliebter Klassiker, der oftmals vergessen wird, servieren Sie die leckeren Teilchen doch mal wieder!

Bereiten Sie den Grieß bereits einen Tag vorher zu bzw. braten Sie je nach Bedarf immer wieder ein paar in der Pfanne. Abwandlung: Die Schnitten in verquirltem Ei und Semmelbröseln wenden. Das Rhabarberkompott sowie die Rotweinzwetschgen schmecken auch spitzenmäßig dazu.

Grießschnitten:
Rührausatz einsetzen,
**1 l Milch, 60 g Zucker,
1 Pr. Salz, 1 P. Vanille-
zucker, 2 Eier, 250 g Weich-
weizengrieß, abgeriebene
Schale einer ½ Zitrone**
im Mixtopf kochen. 10 - 11 Min. / 90° / Stufe 2 (TM31)
10 Min. / 90° / Stufe 2 (TM5)

Den Grieß auf ein kalt abgespültes Backblech streichen (ca. 35 x 30 cm) und kalt werden lassen. In Rechtecke (ca. 25 Stück) schneiden und in **Butterschmalz (ges. ca. 80 g)** von beiden Seiten goldbraun braten.

Mit **Zimt-Zucker oder Puderzucker** servieren.

gedünstete Äpfel:
750 g Äpfel (entkernt und geschält
gewogen) in Würfeln, **Saft einer
Zitrone, ca. 100 g Wasser,
15 g Zucker** im Mixtopf
erwärmen. ca. 8 Min. / 100° / ↶ / Rührstufe

Lauwarm schmecken sie am besten. Die Kochzeit und das Wasser richten sich nach der Konsistenz der Äpfel. Sind die Äpfel sehr süß, lasse ich den Zucker weg.

Nehmen Sie die Hälfte Birnen und die Hälfte Äpfel. Hier verwende ich keinen Zucker.

Hefeplätzchen mit Zwetschgen-Feigen-Marmelade

Schnell, preiswert und vor allem total gut!

Backen Sie die Plätzchen noch heute.

Sie schmecken heiß und lauwarm am besten. Bleiben noch welche übrig, am nächsten Tag kurz in der Mikrowelle aufwärmen.

Stecken Sie das geöffnete Buch während der Zubereitung von Gerichten in eine Sichthülle, somit bleibt es von Flecken und Fettspritzern verschont.

Hefeplätzchen:

150 g Rosinen mit **30 g (5 EL) Rum** vermischen und 15 Min. ziehen lassen bzw. schon am Vortag einlegen.

370 g Milch, 1 W. Hefe,
50 g Zucker im Mixtopf
erwärmen. 3 Min. / 37° / Stufe 2
500 g Mehl, 1 Ei unterkneten. 2 Min. / Knetstufe
Rosinen (mit Rum) unterkneten. 30 Sek. / Knetstufe

Den Teig im Mixtopf ca. 30 Min. gehen lassen (bis der Topf voll ist).

Je 1 gehäuften EL Teig in eine Pfanne mit **Butterschmalz (ges. ca. 60 g)** geben und bei mittlerer Hitze unter Wenden goldbraun braten. (Nach dem Wenden etwas flachdrücken.)

Mit **Puderzucker** bestäuben. / Menge: ca. 20 - 25 Stück

Zwetschgen-Feigen-Marmelade:

100 g getrocknete Feigen
im Mixtopf zerkleinern. 3 Sek. / Stufe 8
900 g Zwetschgen (entsteint
gewogen) zugeben, zerkleinern. 5 Sek. / Stufe 5
½ TL Zimt, 330 g Gelierzucker
3:1 zugeben und aufkochen. 12 Min. / 100° / Stufe 2

Die Marmelade sofort in heiß ausgespülte Gläser füllen und verschließen.

Johannisbeer-Buttermilch-Taler mit Mascarponecreme

Diese Taler sind der Hammer!

Nehmen Sie statt Johannisbeeren Heidelbeeren oder Äpfel. Mögen Sie keine Buttermilch? Trotzdem ausprobieren, die Milch schmeckt nicht hervor. Genießen Sie die Creme als Nachtisch mit Zwetschgen, Beeren, Pfirsichen, Bananen oder mit Heidelbeer- bzw. Zwetschgenkompott. Und auch sehr lecker: Die Creme als Nachtisch $1\frac{1}{2}$ Stunden vor dem Verzehr in die Gefriertruhe stellen.

Johannisbeer-Buttermilch-Taler:
70 g Butter oder Margarine,
3 Eier, 70 g Zucker, 500 g Buttermilch, 480 g Mehl, 1 Pr. Salz,
3 TL Backpulver im Mixtopf
verrühren. 10 - 15 Sek. / Stufe 5
330 g Johannisbeeren mit dem Spatel unterheben.

Je 1 gehäuften EL Teig (ges. ca. 35 Stück) in eine Pfanne mit **Butterschmalz (ges. ca. 100 g)** geben und bei mittlerer Hitze unter Wenden goldbraun braten. Und wenn es schnell gehen muss, backe ich Fladen in Größe der Pfanne. Mit **Zimt-Zucker** bestreuen.

Johannisbeer-Mascarponecreme:
40 g Zucker pulverisieren. 10 Sek. / Stufe 10
250 g Mascarpone, 150 g Joghurt (3,5 %) unterrühren, 10 Sek. / Stufe 2
anschließend weiterrühren. 5 Sek. / Stufe 3

100 - 150 g Johannisbeeren mit dem Spatel unterheben. Ca. 1 Std. im Kühlschrank durchziehen lassen.

Streifen Sie die Johannisbeeren mit einer Gabel von den Rispen. Sie können auch gefrorene verwenden. Für die Creme unbedingt auftauen und gut abtropfen lassen. Für die Taler verwende ich sie gefroren, jedoch müssen sie hierfür einzeln z.B. auf einem Tablett vorgefroren sein; danach erst in eine Dose geben.

Nehmen Sie statt Beeren Äpfel: ca. 4 Sek. / Stufe 4 zerkleinern, umfüllen und zum Schluss unterheben.

Kaiserschmarrn mit Birnen-Apfelkompott

Servieren Sie die süßen Stücke mit Kompott!

Möchten Sie den Kaiserschmarrn vorbereiten? Statt Schmalz ein Backpapier aufs Blech geben, den Teig daraufgießen und ca. 25 Min. backen. Kurz vor dem Verzehr in Stücke schneiden und in einer Pfanne mit Butterschmalz braten.

Das Kompott für den Vorrat in heiß ausgespülte Gläser füllen und verschließen. Zum Verschenken: das Glas mit Schleife und Etikett versehen.

Kaiserschmarrn:
140 g Zucker pulverisieren. 10 Sek. / Stufe 10

5 Eiweiß in einer großen Schüssel steif schlagen. **25 g Butterschmalz** auf ein Backblech (ca. 40 x 35 cm) geben und im vorgeheizten Ofen kurz zerlassen.

5 Eigelb, 3 Eier, 300 g Milch, 200 g Mehl, je 1 TL Zitronen- und Orangenschale zum Zucker geben und verrühren. 50 Sek. / Stufe 4

Den Teig über den Eischnee gießen, mit einem Schneebesen vorsichtig unterheben. Auf das Blech gießen, mit **60 g Rosinen** und **30 g Mandelblättchen** (schmeckt sehr gut, wenn sie vorher in einer Pfanne ohne Öl geröstet werden) bestreuen und backen.

Backzeit: 180°, ca. 20 Min. / In kleine Stücke schneiden und mit **Puderzucker** bestäuben.

Birnen-Apfelkompott:
½ TL Zimt, 650 g Birnen, 350 g Äpfel in Stücken (hier verwende ich auch Schale und Kernhaus) im Mixtopf zerkleinern, Spatel dabei verwenden. ca. 8 Sek. / Stufe 6
Ca. 100 g Wasser zugeben und kochen, 10 Min. / 100° / Stufe 2 - 3
anschließend pürieren. 25 Sek. / Stufe 10

Ohne Schale/Kernhaus wird das Kompott etwas feiner. Probieren Sie doch beides aus. (Die Menge muss 1 kg betragen.) Mit braunem Zucker evtl. nachsüßen.

Karottenwaffeln mit Eierlikör-Quark-Creme

Aber bitte mit viel Eierlikör!

Und wenn der Likör auch noch selbstgemacht ist, kann sicher keiner widerstehen. Das Rezept finden Sie in Band 4, Seite 20.

Die Creme fülle ich in Portionsschälchen und gebe nochmals „gut" Eierlikör darüber. Sie schmeckt zu allen Waffeln gut. Oder genießen Sie die Creme einfach pur.

Waffeln: siehe auch Tipp auf Seite 30.

Karottenwaffeln:
200 g Karotten in Stücken
im Mixtopf zerkleinern. 5 Sek. / Stufe 7
20 g Hefe, 300 g Milch,
50 g Zucker, 330 g Mehl,
2 Eier, ½ TL Salz,
30 g Butter zugeben
und verrühren. 20 Sek. / Stufe 5

Den Teig im Mixtopf ca. 30 Min. gehen lassen.

Portionsweise im Waffeleisen goldbraun backen.

Mit **Zimt-Zucker** bestreuen. / Menge: ca. 10 Stück

Eierlikör-Quark-Creme:
10 g Walnüsse im Mix-
topf hacken und umfüllen. 1 Sek. / Stufe 6 (TM31)
2 Sek. / Stufe 6 (TM5)

60 g Zucker pulverisieren. 10 Sek. / Stufe 10
250 g Magerquark,
200 g Schmand, 80 g Eier-
likör untermischen. ca. 20 Sek. / Stufe 2

Mit dem Spatel nochmals durchrühren.

Die Creme am besten ca. 1 Std. im Kühlschrank durchziehen lassen.

Reichen Sie **Eierlikör** und die gehackten Nüsse dazu. (Bestreuen Sie die Creme mit den Nüssen, dann erst kurz vor dem Verzehr, ansonsten werden sie bitter.)

Kartoffel-Quark-Plätzchen

Ein echter Familienhit, einfach Augen schließen und genießen, die sind total gut!

Mal wieder eines meiner absoluten Favoriten.

Bereiten Sie eine Hälfte mit Rosinen und eine ohne zu.

Wenn's schnell gehen muss, einfach größere Taler braten.

Probieren Sie auch die Vanille-Mascarpone-Soße dazu.

Am Vortag:
1 kg mehligkochende Kartoffeln kochen und schälen.

Alle Zutaten teilen und auf 2 x im TM verarbeiten:

Kartoffeln in Stücken,
250 g Mehl, 250 g Magerquark, 80 g Rosinen,
2 gestr. TL Salz, 2 Eier,
50 g Zucker im Mixtopf verkneten. 10 Sek. / Stufe 4 (TM31)
15 Sek. / Stufe 4 (TM5)

Nicht länger rühren, sonst wird der Teig klebrig!

Den Teig auf eine bemehlte Arbeitsfläche geben, mit bemehlten Händen kleine Plätzchen formen bzw. die Teigstücke leicht in Mehl tauchen und formen.

In einer Pfanne mit **Butterschmalz (ges. ca. 80 g)** von beiden Seiten knusprig braten.

Menge: ca. 35 Stück

Mit **Apfelkompott** und je nach Belieben mit **Puderzucker oder Zimt-Zucker** servieren.

Kartoffelwürstl

Nach guter alter Art, Würstl, die köstliche Erinnerungen wecken!

Das ist wieder ein Rezept von meiner Mama, ...lecker-schmecker.

Mein Favorit: Die Würstl in der Pfanne gebraten mit Apfelkompott. Wobei die Kirsch-Amaretto-Soße auch vorzüglich schmeckt. Oder servieren Sie Sauerkraut dazu.

Kartoffelteige sind aufgrund der Konsistenz der Kartoffeln sehr unterschiedlich, manchmal muss man zum Teig einfach noch etwas Mehl geben.

Am Vortag:
1 kg mehligkochende Kartoffeln kochen und schälen.

Kartoffeln in Stücken,
250 g Kartoffelmehl, 1 Ei,
2 TL Salz im Mixtopf verrühren, den Spatel zum Mitrühren verwenden. 20 Sek. / Stufe 4 (TM31)
20 - 25 Sek. / Stufe 4 (TM5)

Nicht länger rühren, sonst wird der Teig klebrig! Mit den Händen evtl. kurz verkneten und evtl. noch etwas Mehl unterkneten (liegt an der Beschaffenheit der Kartoffeln).

Den Teig auf bemehlter Arbeitsfläche zu Würstln (Rollen) formen und in einer Pfanne mit **Schweinefett oder Butterschmalz (ges. ca. 100 g)** braten.

Mit **Puderzucker** bestäuben, mit **Apfelkompott** servieren.

Menge: ca. 35 Stück

oder:
30 g zerlassenes Schweinefett oder Butterschmalz in eine Bratreine oder Auflaufform (ca. 33 x 21 cm) geben, die Würstl nebeneinander in die Form legen; die restlichen, die nicht reinpassen einfach quer drauflegen, mit **20 g zerlassener Butter** bestreichen und backen, bis sie eine schöne Kruste haben.

Backzeit: 200°, ca. 45 – 50 Min.

Kirschlasagne

Da gehen Naschkatzenträume in Erfüllung!

Sie müssen ja nicht alles aus diesem Buch testen, aber diese Lasagne, sowie auch die anderen Lasagne-Varianten unbedingt. Sie schmeckt warm, lauwarm, kalt, sie schmeckt einfach immer.

Verwende ich frische Kirschen, nehme ich 650 g und 200 g Zucker für die Füllung.

Legen Sie Auflaufformen aus Keramik nach dem Spülen 1 Tag auf den „Kopf", dass die nicht beschichtete Unterseite gut trocknen kann. So verhindern Sie, dass die Formen Risse bekommen.

4 Eiweiß in einer großen Schüssel steif schlagen. (Hierfür verwende ich das Handrührgerät.)

4 Eigelb, 120 g Butter in Stücken,
130 g Zucker, 1 P. Vanillezucker, 1 Pr. Salz, 1 kg Magerquark, 40 g Hartweizengrieß,
1 P. Soßenpulver Vanille ohne Kochen (39 g) im Mixtopf verrühren, den Spatel
zum Mitrühren verwenden. 40 Sek. / Stufe 6

Die Quarkcreme vorsichtig unter den Eischnee heben. Etwas Creme in einer gefetteten Auflaufform (ca. 33 x 24 cm) verstreichen. **Lasagneblätter (ges. 10 - 12 Stück)**, Creme, **Kirschen aus dem Glas (ges. 500 g)**, gut abgetropft, Lasagneblätter... einschichten. Die letzte Schicht sollte aus Creme bestehen.

50 g Butter, 50 g Zucker,
1 TL Honig im Mixtopf
erhitzen. 3 Min. / 100° / Stufe 2
50 g Mandelblättchen
zugeben und unterrühren. 10 Sek. / ↶ / Stufe 2

Auf der Lasagne verteilen und backen. (Den Guss bereite ich manchmal auch in einem Topf am Herd zu.)

Backzeit: 180°, ca. 55 - 65 Min.

Kirsch-Marzipan-Rollen

Heute gibt's was total leckeres, natürlich wieder aus der eigenen Backstube!

Schmeckt heiß und kalt. Servieren Sie dazu auch mal Vanilleeis. Die Stücke eignen sich gut zum einfrieren. Zum Auftauen nur kurz in die Mikrowelle. Verwende ich frische Kirschen, nehme ich 450 g und 80 g Zucker für die Füllung.

100 g Haselnüsse	6 - 7 Sek. / Stufe 5 (TM31)
im Mixtopf hacken.	10 - 12 Sek. / Stufe 5 (TM5)

In einer Pfanne ohne Öl rösten und umfüllen.

Siehe auch linke Seite!

350 g Mehl, 1 Ei, 10 g Essig,
60 g Butter in Stücken, **90 g lauwarmes Wasser, $\frac{1}{4}$ TL Salz**
im Mixtopf verkneten. 2 Min. / Knetstufe

Den Teig teilen und ausrollen (je ca. 35 x 30 cm), mit **40 g zerlassener Butter** bestreichen und mit den Nüssen bestreuen.

50 g Zucker, 50 g Marzipan-Rohmasse in einem Stück,
30 g Amaretto <u>**oder**</u> **Kirschsaft**
(mit 15 g Speisestärke im Messbecher verrührt) in den Mixtopf geben und vermischen.
3 Sek. / Stufe 6 (TM31)
3 Sek. / Stufe 7 (TM5)

Als Kleckse auf den Nüssen verteilen.

1 Glas Kirschen (Abtropfgewicht 370 g), gut abgetropft und halbiert, darüber verteilen. Die Teige jeweils an den kürzeren Seiten etwas einschlagen, von der Längsseite her aufrollen. Das Backpapier etwa in Größe der Strudel mit **etwas zerlassener Butter (ges. 50 g)** bestreichen, Strudel darauflegen und mit **1 Eigelb** und etwas Butter bestreichen und vorbacken.

Backzeit: 200°, ca. 20 Min.

Nochmals mit Butter bestreichen, <u>weitere 10 Min. backen</u>. Aus dem Ofen nehmen und mit der restlichen Butter bestreichen. Mit **Puderzucker** bestäuben.

Kirschpfannkuchen vom Blech
Kirschpudding

Mit ihm ist gut Kirschen essen!

Verwöhnen Sie Ihre Lieben mit diesem Pfannkuchen und Sie werden sehen, auch mit einfachen Gerichten kann man gut punkten.

Schütten Sie den Saft der Kirschen nicht weg, sondern verdünnen Sie ihn mit Wasser und genießen Sie die Kirschschorle. Oder kochen Sie einen Pudding daraus.

Kirschpfannkuchen vom Blech:
Ein mit Backpapier belegtes Blech (ca. 40 x 35 cm) im Ofen bei 200° vorheizen.

4 Eier, 50 g Zucker,
30 g Mineralwasser,
200 g Milch, 140 g Mehl
im Mixtopf verrühren. 20 Sek. / Stufe 4

Den sehr flüssigen Teig <u>sofort</u> auf das <u>heiße</u> Blech gießen, sobald die Temperatur erreicht ist.

1 Glas Kirschen (Abtropfgewicht 370 g) gut abgetropft, auf dem Teig verteilen und mit **5 EL Mandelblättchen** bestreuen.

Bei <u>frischen Kirschen</u> verwende ich für den Teig ca. 70 g Zucker, je nach Süße der Kirschen.

Backzeit: 200°, ca. 25 - 30 Min.

Den heißen Pfannkuchen mit Hilfe des Backpapieres von der Längsseite her aufrollen, mit **Puderzucker** bestäuben, in Scheiben schneiden und mit **Vanilleeis** servieren.

Kirschpudding (auf dem Foto rechts hinten):
<u>Rühraufsatz einsetzen</u>,
Kirschsaft (360 g), 25 g Speisestärke, 15 g Zucker
im Mixtopf erhitzen. 7 Min. / 90° / Stufe 3

Ich esse ihn gerne kalt mit frischen Heidelbeeren.

Kirsch-Quarkfladen

Saftig, locker, lecker!

Lauwarm zergehen sie auf der Zunge. Die Fladen schmecken aber auch gut gekühlt sehr gut. Reichen Sie geschlagene Sahne und geröstete Mandelblättchen dazu.

Verwende ich frische Kirschen, nehme ich für die Füllung 120 g Zucker.

Auch mit Äpfeln, evtl. gemischt mit Birnen, ein Traum. Das Obst schäle ich hierfür nicht und zerkleinere es am Anfang 2 - 3 Sek. / Stufe 4; danach umfüllen.

50 g Butter, 250 g Mehl,
100 g lauwarmes Wasser,
¼ TL Salz, 10 g Öl
im Mixtopf verkneten. 2 Min. / Knetstufe

60 g Butter zerlassen.

Den Teig vierteln und ausrollen (je ca. 20 x 20 cm), mit 2/3 der Butter bestreichen und mit **50 g Paniermehl** bestreuen.

30 g Butter, 100 g Zucker,
1 P. Vanillezucker, 3 Eier,
500 g Quark (20 %),
30 g Hartweizengrieß
cremig rühren. 15 Sek. / Stufe 3 (TM31)

TM5: Die letzten paar Sek. auf Stufe 4 schalten.

Die Quarkmasse auf den Teigen verstreichen, dabei einen kleinen Rand freilassen.

1 Glas Kirschen (Abtropfgewicht 370 g), gut abgetropft, auf dem Quark verteilen. Den Teig jeweils rundherum zur Mitte einschlagen und sofort auf ein mit Backpapier belegtes Blech geben (es ist sehr viel Quarkmasse, aber es klappt schon), mit der restlichen Butter bestreichen und backen.

Backzeit: 200°, 30 Min., den Ofen ausschalten und weitere ca. 15 Min. backen.

Mit **Puderzucker** bestäuben.

Knuspernudeln mit Heidelbeerkompott

Kinder, Kinder... das schmeckt lecker!

Mal eine etwas andere Süßspeise, die Sie unbedingt probieren müssen. Ich finde die Nudeln auch kalt sehr fein.

Verwenden Sie die Kekse nach Ihrem Geschmack bzw. nehmen Sie Reste, die gerade übrig sind.

Die Kompottvariationen passen auch gut zu vielen anderen Gerichten wie z.B. Pfannkuchen oder einfach pur als Nachtisch.

Knuspernudeln:

250 g Nudeln (z.B. Spiralen) nach Packungsanweisung kochen.

100 g Vollkorn-Butterkekse
im Mixtopf zerkleinern. ca. 5 Sek. / Stufe 4

Die Brösel in einer Pfanne mit **60 g Butter** und **100 g Mandelstiften** gut rösten und die gekochten Nudeln untermischen. Je nach Belieben etwas mehr Butter zugeben; evtl. mit **Puderzucker** bestreuen.

Heidelbeerkompott:

400 g Heidelbeeren,
150 g halbierte kernlose Weintrauben, 50 g Traubensaft,
10 g Speisestärke (mit 50 g kaltem Wasser im Messbecher verrührt),
½ TL Zimt, 30 g braunen Zucker
im Mixtopf kochen. 5 Min. / 100° / ↺ / Stufe 1

Das Kompott lauwarm oder kalt servieren.

Für den Vorrat sofort in heiß ausgespülte Gläser füllen und verschließen.

Es schmeckt auch nur mit Heidelbeeren bzw. Johannisbeeren sehr gut oder mischen Sie die Früchte nach Ihrem Geschmack. Für Johannisbeeren nehme ich ca. 60 g Zucker. Es schmeckt etwas säuerlich, je nach Belieben noch nachzuckern. (Mit gefrorenen Beeren erhöht sich die Kochzeit um ein paar Minuten.)

Kokosnockerl mit Heidelbeerquark

Süßes blaues Glück, Schlemmereien mit Heidelbeeren sind immer fruchtig lecker!

Wenn's schneller gehen soll, nehmen Sie einen Esslöffel zum Abstechen (siehe Foto links) und drücken Sie je 3 Heidelbeeren in den Teig, die Garzeit beträgt dann ca. 15 - 18 Min. Es klappt auch mit gefrorenen Heidelbeeren, diese dann gleich gefroren verarbeiten. Der Heidelbeerquark schmeckt auch pur. Mögen Sie's noch cremiger, nehmen Sie einen Quark mit 40 % Fett.

Kokosnockerl:
220 g Zucker im Mixtopf
pulverisieren und umfüllen. 10 Sek. / Stufe 10

250 g Magerquark, 130 g vom Puderzucker, **1 Ei, 1 P. Vanillezucker, 130 g Mehl, 30 g Weichweizengrieß, 50 g Kokosraspel**
verrühren. 20 Sek. / Stufe 5

Den Teig 30 Min. kalt stellen.

100 g Kokosraspel in einer Pfanne ohne Öl rösten, umfüllen und abkühlen lassen. Mit 30 g Puderzucker vermischen.

Vom Teig je 1 geh. Teelöffel (ges. ca. 25 Stück) abstechen, je **2 Heidelbeeren (ges. ca. 120 g)** in den Teig drücken, mit einem zweiten Teelöffel Nockerl formen. In siedendem, jedoch nicht mehr kochendem Salzwasser (breiter Topf, nicht allzuviel Salz) in ca. 10 - 12 Min. gar ziehen lassen. (Ich rechne die Zeit erst, wenn der Topf voll ist, also wenn die erste „Ladung" drin ist.) Mit einem Schaumlöffel herausnehmen und in den Kokosraspeln wälzen.

Heidelbeerquark:
100 g Heidelbeeren
im Mixtopf zerkleinern. 2 Sek. / Stufe 5
250 g Magerquark, 150 g Naturjoghurt (3,5 %), restlichen Puderzucker (60 g) unterrühren. ca. 5 Sek. / Stufe 2
150 g Heidelbeeren unterrühren. 5 Sek. / ↺ / Stufe 2

Kürbisfleckerl mit Apfelkompott

Ganz einfach und richtig lecker, da wird sich Ihre Familie alle Finger abschlecken!

Kornelia, danke für Dein Rezept, ich kann nur sagen: saulecker.

Mischen Sie Zimt-Zucker und füllen es in einen Zuckerstreuer ab. Geben Sie zum braunen Zucker ein Stück ganz trockenes Brot dazu, dann wird er nicht fest. Das Kompott für den Vorrat sofort in heiß ausgespülte Gläser füllen und verschließen.

Kürbisfleckerl:

750 g Kürbisfleisch (Hokkaido) in Stücken im Mixtopf zerkleinern.	5 Sek. / Stufe 5
150 g Wasser zugeben und dünsten,	10 Min. / 100° / Stufe 2
anschließend pürieren.	10 Sek. / Stufe 8

Ca. 20 Min. im offenen Mixtopf abkühlen lassen.

3 Eier, 80 g braunen Zucker, 300 g Mehl, 3 TL Backpulver untermischen.	30 Sek. / Stufe 5

Mit einem Esslöffel kleine Kleckse in eine Pfanne mit **Butterschmalz (ca. 80 g)** geben und bei mittlerer Hitze unter Wenden goldbraun braten.

Mit **Zimt-Zucker oder Puderzucker** servieren.
Menge: ca. 40 Stück

Apfelkompott:

1 kg Äpfel in Stücken (hier verwende ich auch Schale und Kernhaus) im Mixtopf zerkleinern, Spatel dabei verwenden.	ca. 8 Sek. / Stufe 6
Ca. 100 g Wasser zugeben und kochen,	10 Min. / 100° / Stufe 2 - 3
anschließend pürieren.	25 Sek. / Stufe 10

Ohne Schale/Kernhaus wird das Kompott etwas feiner. Probieren Sie beides aus. (Die Menge muss 1 kg betragen.) Mit braunem Zucker evtl. nachsüßen.

Kürbiswaffeln
Kartoffelwaffeln

Ein Klassiker mit ganz besonderen Noten, Sie werden sehen, alleine der Duft lockt schon alle an!

Die mit Kartoffeln sind ja der absolute Hammer. Unbedingt mit Zimt-Zucker gleich servieren.

Erwähnen Sie nur nicht, dass hier gesunder Kürbis bzw. Kartoffeln drin versteckt sind.

Den Teig von den Kürbiswaffeln können Sie am nächsten Tag noch gut verwenden.

Siehe auch Tipp auf Seite 30.

Kürbiswaffeln:

300 g Kürbisfleisch (Hokkaido)
im Mixtopf zerkleinern. 10 Sek. / Stufe 5
Mit dem Spatel nach unten schieben,
weiter zerkleinern und umfüllen. ca. 2 Sek. / Stufe 5

130 g Butter in Stücken
schmelzen. 3 Min. / 60° / Stufe 1
90 g braunen Zucker,
1 P. Vanillezucker, 180 g Mehl,
1 Pr. Salz, 90 g Speisestärke,
2 gestr. TL Backpulver, 3 Eier,
200 g Milch, Kürbisfleisch
zugeben und unterrühren. 15 Sek. / Stufe 4

Mein Favorit dazu: Zwetschgen-Feigen-Marmelade.

Die Waffeln klappen auch mit gefrorenem Kürbis gut. Kürbis in kleinen Stücken einfrieren, gefroren ca. 10 Sek. / Stufe 6 zerkleinern.

Kartoffelwaffeln (ohne Foto):

400 g (mit Schale gewogen)
mehligkochende, gekochte Kartoffeln vom Vortag geschält und
in Stücken, **5 Eier, 60 g Zucker,**
½ TL Salz, 70 g Magerquark,
220 g Milch, 70 g Kartoffelmehl,
120 g Mehl verrühren. 40 Sek. / Stufe 4

Portionsweise im Waffeleisen goldbraun backen (jeweils ca. 10 Stück). Mit **Zimt-Zucker oder Puderzucker** servieren.

Mango-Blitzauflauf

Genial einfach und doch was besonderes und ebenso mit Äpfeln ein Genuss!

Schmeckt auch Kindern, zumindest meinem kleinen Testesser Elias.

Der Auflauf ist heiß, lauwarm und auch kalt ein Gaumenschmaus und prima für Überraschungsgäste. Auch wenn die Gäste schon da sind, ist er schnell zubereitet.

Mangos schmecken auch zu Joghurt und Quark. Die Schale einer reifen Mango gibt bei Druck etwas nach. Mangos nicht im Kühlschrank lagern.

5 Eier, 250 g Magerquark <u>**oder**</u>
40 %-igen Quark, 80 g Zucker,
200 g Sahne, 1 P. Sahne- <u>**oder**</u>
Vanillepuddingpulver im Mix-
topf verrühren. 30 Sek. / Stufe 5

Den flüssigen Teig in eine gefettete Auflaufform (ca. 28 x 20 cm) oder 4 Portionsformen á 440 ml (siehe Foto) gießen. **400 g frische,** <u>**sehr reife**</u> **Mangos** in Würfeln auf dem Teig verteilen.

Backzeit: 180°, ca. 40 - 50 Min. (gebacken in einer Auflaufform); ca. 35 Min. (gebacken in Portionsförmchen)

Ca. 15 Min. abkühlen lassen und mit **2 EL gerösteten Mandelblättchen** bestreuen.

Verwenden Sie Äpfel statt Mangos:
½ TL Zimt, 400 g Äpfel in Viertel
bzw. Stücke (entkernt gewogen,
sie müssen nicht geschält wer-
den) im Mixtopf zerkleinern. 1 - 3 Sek. / Stufe 4

Je nach Belieben mit gehackten Walnüssen, Mandeln, Haselnüssen, Rosinen, Mandelblättchen oder Kokosflocken bestreuen. (Ich bestreue jeweils einen Streifen mit einer Sorte, somit ist für jeden Geschmack etwas dabei.)

Maultaschen

Diese Maultaschen sind ein absolutes Gedicht!

Bei uns bzw. auf bayerisch heißen sie Meidaschn.

Lecker-schmecker, unbedingt ganz schnell ausprobieren. Alles mit Kartoffelteig finde ich einfach nur spitzenmäßig. Die hat's auch bei meiner Oma Mudl immer gegeben und ich bin echt überrascht, dass ich sie auch so gut hinbekomme.

Nehmen Sie eine Form mit ca. 33 x 24 cm, liegen die Maultaschen nicht ganz so eng zusammen und werden außen noch knuspriger. Probieren Sie beides aus, ich kann gar nicht sagen, was besser ist.

Am Vortag:
1 kg mehligkochende Kartoffeln kochen und schälen.

30 g zerlassenes Schweinefett oder Butterschmalz in eine Bratreine oder Auflaufform (ca. 33 x 21 cm, siehe Tipp links) geben.

Kartoffeln in Stücken, **350 g Mehl, 1 Ei, 1 TL Salz** im Mixtopf verkneten, den Spatel zum Mitrühren verwenden. 30 - 35 Sek. / Stufe 4

Nicht länger rühren, sonst wird der Teig klebrig! Mit den Händen evtl. kurz verkneten und evtl. noch etwas Mehl unterkneten (liegt an der Beschaffenheit der Kartoffeln).

Den Teig in 9 Stücke teilen, auf gut bemehlter Arbeitsfläche ausrollen (je ca. 20 x 20 cm) und mit **50 g zerlassener Butter** bestreichen.

500 g Äpfel in Viertel bzw. Stücke (entkernt und geschält gewogen) zerkleinern. 1 - 3 Sek. / Stufe 4

(Schmeckt auch mit gehobelten Äpfeln sehr gut.) Die Äpfel auf den Teigen verteilen. Mit **60 g Zucker** bestreuen. Die Seiten etwas einschlagen, aufrollen und in die Form legen. Mit **20 g zerlassener Butter** bestreichen und backen.

Backzeit: 200°, ca. 60 Min.

Mit **Puderzucker** bestäuben.

Milchreis-Variationen

Ein Klassiker neu aufgepeppt!

Probieren Sie unbedingt alle aus.

Geben Sie zur einen Hälfte Datteln und Pistazien, zur anderen Hälfte den Espresso, schon haben sie zwei Varianten zur Auswahl.

Zum klassischen Milchreis reiche ich gerne die Kirsch-Amaretto- oder die Kirsch-Rotwein-Soße, mmh... ein Gedicht.

Amarettini-Espresso-Milchreis:
40 g Amarettinis im Mix-
topf hacken und umfüllen. 2 - 3 Sek. / Stufe 4

Rühraufsatz einsetzen,
1 l Milch, 220 g Milchreis,
40 g Butter, 1 P. Vanillezucker,
60 g Zucker, 1 Pr. Salz
im Mixtopf kochen. 40 Min. / 90° / ↺ / Stufe 1
5 - 10 Min. im geschlossenen Topf nachquellen lassen.

Ca. 30 g gesüßten Espresso oder starken Kaffee mit dem Spatel unterrühren. Amarettinis dazu servieren.

Klassischer Milchreis:
Mit Zimt bestreuen, kein Espresso, keine Amarettinis.

Wildreis-Milchreis:
Reis durch Wildreis austauschen, die Garzeit beträgt 60 Min. (evtl. 5 Min. quellen lassen, evtl. nachzuckern).

Orientalischer Milchreis:
Anstelle Espresso unter den Reis **ca. 10 getrocknete Datteln** in Würfeln und **2 - 3 EL gehackte Pistazien** mit dem Spatel unterrühren.

klassischer Milchreis für den etwas größeren Hunger:
Rühraufsatz einsetzen,
1.200 g Milch, 270 g Milchreis,
50 g Butter, 1 P. Vanillezucker,
80 g Zucker, 1 Pr. Salz
im Mixtopf kochen. 50 Min. / 90° / ↺ / Stufe 1
Evtl. 5 Min. im geschlossenen Topf nachquellen lassen.

Mirabellenkrapfen

Fruchtig, lecker, auch mit Zwetschgen oder Pflaumen!

Lassen Sie sich diese Teilchen nicht entgehen, sie schmecken wirklich traumhaft und sind ganz fix gezaubert. Die Rosinen können Sie ersatzlos weglassen. Verwenden Sie nur frisches Obst, kein gefrorenes.

Warm finde ich sie am besten. Statt Puderzucker schmeckt auch Zimt-Zucker.

Bei uns haben Mirabellen einen lustigen Namen, sie heißen Zipperl, also Zipperlkrapfen.

Brandteig:
250 g Milch, 80 g Butter
in Stücken, **1 Pr. Salz**
im Mixtopf erwärmen. 4 Min. / 100° / Stufe 2
250 g Mehl unterrühren. 1 Min. / Stufe 4
Gerät einstellen auf 1½ Min. / Stufe 5
6 Eier (Gr. M) nacheinander
durch die Deckelöffnung
geben und unterrühren.

60 g Rosinen, 250 g Mirabellen
(entsteint gewogen) in kleinen
Würfeln untermischen. 20 Sek. / ↺ / Stufe 3

Mit dem Spatel nochmals durchrühren.

1 l Frittierfett (z.B. Palmin® soft) in einem Topf erhitzen.

Je 1 Esslöffel abstechen und im heißen Öl frittieren. Dabei einmal wenden. Mit einem Schaumlöffel herausnehmen.

Dick mit Puderzucker bestäuben.

Menge: ca. 22 Stück

Abgekühltes Frittierfett zum Aufbewahren in die Becher zurückgießen und kalt stellen. Das abgekühlte Fett zum Entsorgen in einen aufgeschnittenen Saft- oder Milchkarton leeren, sobald das Fett hart geworden ist, im Restmüll entsorgen.

Mirabellen-Marzipanstrudel

So etwas Gutes gibt es nirgendwo zu kaufen!

Testen Sie auf alle Fälle auch die Varianten mit Äpfeln oder Zwetschgen (siehe Seite 4).

Kochen Sie die Marmelade z.B. nach dem Rezept von Seite 101. Es passt auch Orangenmarmelade dazu.

Servieren Sie die gekochten Mirabellen auch zu Rohr- oder Dampfnudeln. Oder für den Vorrat sofort in heiß ausgespülte Gläser füllen und verschließen.

800 g Mirabellen geviertelt
(entsteint gewogen),
160 g Weißwein, 60 g Zucker
im Mixtopf erhitzen. 7 Min. / 100° / ↺ / Stufe 1

Abseihen, den Saft auffangen, ca. 1 Std. abkühlen lassen.

350 g Mehl, 1 Ei, 10 g Essig,
60 g Butter in Stücken, **90 g lauwarmes Wasser, ¼ TL Salz**
im Mixtopf verkneten. 2 Min. / Knetstufe

Den Teig teilen und ausrollen (je ca. 35 x 30 cm), mit **40 g zerlassener Butter** bestreichen und mit **30 g Semmelbröseln** bestreuen.

200 g Marzipan-Rohmasse
in Stücken, **50 g Mirabellenmarmelade** (siehe Tipp links),
30 g vom aufgefangenen
Saft vermischen. 5 Sek. / Stufe 6

Als Kleckse mit 2 Teelöffeln auf den Semmelbröseln verteilen und mit den Mirabellen belegen. Die Teige jeweils an den kürzeren Seiten etwas einschlagen, von der Längsseite her aufrollen, auf ein mit Backpapier belegtes Blech geben, mit der Hälfte von **40 g zerlassener** Butter bestreichen und vorbacken.

Backzeit: 200°, ca. 10 Min.

Mit der restlichen Butter bestreichen und weitere ca. 20 - 25 Min. backen. Mit **Puderzucker** bestäuben und mit **geschlagener Sahne** servieren.

Mohn-Cannelloni

Ein absoluter Hit für Mohnfans, wer sie probiert hat, kommt aus dem Schwärmen nicht mehr raus!

Cannelloni punkten nicht nur mit Hackfleisch, sondern auch so wie hier, cremig gefüllt und verführerisch lecker. Ich finde sie lauwarm oder abgekühlt am besten, ...oder am nächsten Tag aus dem Kühlschrank, eigentlich schmecken sie immer.

Eine leckere Schnellversion: 200 g Barilla Penne Rigate n.73 8 Min. kochen, in der gefetteten Form verteilen, die Käse-Mohnmasse daraufgeben, mit dem Guss begießen und ca. 60 Min. backen.

100 g Mohn
im Mixtopf mahlen. 30 Sek. / Stufe 10
40 g Milch, 20 g Butter,
60 g Zucker, 10 g Rum
zugeben und aufkochen. 5 Min. / 100° / Stufe 2

Den Mohn 30 Min. im offenen Topf abkühlen lassen.

500 g Ricotta, nochmals
60 g Zucker zugeben
und unterrühren. ca. 15 Sek. / Stufe 3 (TM31)
10 - 15 Sek. / Stufe 4 (TM5)

Evtl. mit dem Spatel nochmals durchrühren. Die Käse-Mohnmasse in einen Spritzbeutel geben, **ca. 16 Cannelloni** damit füllen und in eine gefettete Auflaufform (ca. 28 x 20 cm) legen. Wählen Sie die Form so, dass alle Nudeln mit Soße bedeckt sind.

550 g Milch, 4 Eier,
60 g Zucker vermischen. 10 Sek. / Stufe 4

Den Guss über die Cannelloni gießen und backen.

Backzeit: 180°, ca. 60 Min.

Evtl. mit **Puderzucker** bestäuben.

Mohnback, z.B. für einen Zopf, können Sie selbst herstellen: Für 250 g Mohnback: 130 g Mohn, 60 g Milch, 30 g Butter, 60 g Zucker, 10 g Rum; Verarbeitung wie oben beschrieben. Oder verwenden Sie das o.g. Rezept für eine etwas kleinere Menge.

Mohnknödel

Zusammen mit den Rotweinzwetschgen wirklich ein unwiderstehlicher Genuss!

Und wieder ein Favorit von mir. Ich würde sagen, die müssen bei Ihnen auch bald am Tisch stehen.

Frisch sind sie am allerbesten.

Am Vortag:
150 g mehligkochende Kartoffeln kochen und schälen.

150 g Mohn
im Mixtopf mahlen. 30 Sek. / Stufe 10
50 g Butter in Stücken,
**50 g Zucker, 1 P. Vanille-
zucker, 10 g Rum, 1 Pr. Zimt,
10 g Zwetschgenmarmelade**
zugeben und untermischen. 20 Sek. / Stufe 5

Die Masse für die Füllung zu 12 Kugeln formen.

Kartoffeln in Stücken,
**50 g Margarine, 2 Eier,
250 g Mehl, ¼ TL Salz**
vermischen. 25 Sek. / Stufe 4 (TM31)
40 Sek. / Stufe 4 (TM5)

Evtl. mit der Hand nochmals kurz verkneten. Den Teig in 12 Stücke teilen, je ein Stück in der Hand flachdrücken, eine Mohnkugel hineingeben und mit dem Teig gut umschließen. In kochendes Salzwasser geben und in ca. 12 Min. gar ziehen lassen.

Mit einem Schaumlöffel herausnehmen und in **ca. 30 g Paniermehl** wälzen. **Ca. 60 g Butter** in einer Pfanne schmelzen und die Knödel goldgelb darin braten.

Mit **Puderzucker** bestäuben.

Reichen Sie **Rotweinzwetschgen oder Zwetschgenkompott** dazu.

Mohn-Schupfnudeln mit Zwetschgenkompott

Sie schmecken einfach sooo gut, überraschen Sie Ihre Familie damit!

Eines meiner Favoriten. Probieren Sie auch die Kirschsoßen dazu. Es sieht etwas aufwendiger aus, geht jedoch sehr schnell, da der Teig ratz-fatz geformt ist, ohne zu kleben. Ich koche alle Nudeln, brate jedoch nur die Hälfte an. Den Rest gibt's dann z.B. am nächsten Tag. Statt Schupfnudeln schmecken auch Spätzle oder Spätzlenudeln.

Mohn-Schupfnudeln:
80 g Mohn im Mixtopf
mahlen und umfüllen. 30 Sek. / Stufe 10

750 g Kartoffelknödelteig „halb & halb" (Kühlregal), 200 g Mehl, 60 g Hartweizengrieß, 1 P. Vanillezucker, 1 Ei
im Mixtopf verkneten, den Spatel zum Mitrühren verwenden. 40 Sek. / Stufe 5

Den Teig in den Händen zu Schupfnudeln rollen und in siedendem Salzwasser gar ziehen lassen, bis sie an der Oberfläche schwimmen.

80 g Butter in einer Pfanne schmelzen, den Mohn zugeben und kurz braten. Die abgetropften Nudeln untermischen. Dick mit **Puderzucker** bestäuben und sofort servieren.

Zwetschgenkompott:
600 g Zwetschgen geviertelt,
80 g Apfelsaft, 1 P. Soßenpulver „Vanille" (24 g) zum Kochen, 30 g Amaretto
im Mixtopf erhitzen. 6 Min. / 100° / ↶ / Stufe 1

Lauwarm oder kalt servieren. Für den Vorrat sofort in heiß ausgespülte Gläser füllen und verschließen. Die Kompotte aus diesem Buch verschenke ich auch gerne.

TK-Zwetschgen verwende ich aufgetaut, mit Saft. Zu den Schupfnudeln passt auch Zwetschgenmarmelade.

Nusswaffeln mit Kirsch-Soßen

Eine Leibspeise für Groß und Klein!

Die Soßen schmecken auch zu Dampfnudeln oder Milchreis. Für eine alkoholfreie Variante: Bereiten Sie die Kirsch-Rotwein-Soße statt mit Wein mit Traubensaft zu. Hierfür reichen 20 - 30 g Zucker. Soße mit Johannisbeeren: Siehe Tipp auf Seite 3.

Meine Lieblingssoße ist die mit Amaretto.

Den Teig können Sie am nächsten Tag noch gut verwenden. Siehe auch Tipp auf Seite 30.

Nusswaffeln:

90 g Haselnüsse im Mixtopf
zerkleinern und umfüllen. ca. 6 Sek. / Stufe 8

220 g Butter
in Stücken schmelzen. 3 Min. / 60° / Stufe 1
140 g braunen Zucker,
1 P. Vanillezucker, 150 g Mehl,
220 g Magerquark, 6 Eier,
20 g Milch, gem. Nüsse zugeben und unterrühren. 15 Sek. / Stufe 4

Portionsweise im Waffeleisen goldbraun backen.

Mit **Zimt-Zucker/Puderzucker** und **Sahne** servieren.

Menge: ca. 10 Stück

Kirsch-Rotwein-Soße (Foto vorne):

Saft von 1 Glas Kirschen (Abtropfgewicht 370 g), 150 g Rotwein, 50 g Zucker,
½ TL Zimt, 1 P. Vanillepuddingpulver im Mixtopf kochen. 6 Min. / 100° / Stufe 2
Kirschen zugeben
und erwärmen. 2 Min. / 100° / ↶ / Rührstufe

Kirsch-Amaretto-Soße (Foto Mitte):

Saft von 1 Glas Kirschen (Abtropfgewicht 370 g), 50 g Amaretto,
20 g Rum, 100 g Apfelsaft,
1 P. Vanillepuddingpulver,
20 g Zucker kochen. 6 Min. / 100° / Stufe 2
Kirschen zugeben
und erwärmen. 2 Min. / 100° / ↶ / Rührstufe

Obst-Datschi

Einfach und fein, überzeugen Sie sich selbst!

Heiß und lauwarm find ich ihn am besten.

Statt Kirschen nehme ich auch gerne Zwetschgen (ca. 150 g), die geben einen super Geschmack.

Geben Sie zum Teig evtl. noch etwas Milch bzw. Mehl, die Menge richtet sich nach der Größe der Eier. Es soll ein dickflüssiger Teig sein.

20 g Butterschmalz in einer Bratreine oder Auflaufform (ca. 33 x 21 cm) im vorgeheizten Ofen zerlaufen lassen.

250 g Mehl, 3 Eier (Gr. M),
1 Pr. Salz, 220 g Milch,
1 P. Vanillezucker
im Mixtopf verrühren. 30 Sek. / Stufe 4

Den dickflüssigen Teig in die Form gießen.

Mit **400 g Obst** belegen: geschälte und in Würfel geschnittene **Äpfel** und **Birnen, frische Heidelbeeren** und **Kirschen aus dem Glas**.

Den Datschi vorbacken.

Backzeit: 180°, 25 Min.

Mit **2 EL Zucker** bestreuen, **3 - 4 EL Sahne** darauf verteilen und weitere 20 - 25 Min. backen.

Mit 2 EL gerösteten Mandelblättchen bestreuen.

Mit **Puderzucker oder Zimt-Zucker** servieren.

Pfannkuchen in der Bratreine

Omas Rezepte sind die aller-allerbesten, unbedingt gleich ausprobieren!

Etwas ganz einfaches, aber für mich was ganz besonderes und vor allem leckeres. Den habe ich bei meiner Oma Mudl immer sehr gerne gegessen.

Jeder reißt sich einfach ein Stück ab. Ich esse ihn ganz ohne Beilage am liebsten.

Lassen Sie sich überraschen, die Form wird jedes Mal anders.

30 g Schweine- oder Butterschmalz in eine Bratreine (ca. 33 x 21 cm) oder Auflaufform geben und im Ofen heiß werden lassen, bis der Ofen knapp 250° erreicht hat; das Fett muß sehr heiß sein.

200 g Milch, 3 Eier,
knapp ½ TL Salz,
130 g Mehl im Mixtopf vermischen. 20 Sek. / Stufe 4

Achtung: Wenn das Fett anfängt ganz leicht zu rauchen, sofort den Teig in die Form gießen und backen!

Backzeit: 250°, ca. 13 - 15 Min.

Hier passen **z.B. Kirschen aus dem Glas, Nutella® oder Zimt-Zucker** dazu.

Dieser Pfannkuchen reicht für 2 Personen. Backen Sie einfach mehrere Pfannkuchen hintereinander. Für jeden weiteren reichen 20 g Butterschmalz. Im Ofen wieder heiß werden lassen, Teig einfüllen und backen.

Pfannkuchen Kokos/Vanille mit Vierfruchtmarmelade

Pfannkuchen schmecken einfach immer!

Zu den Vanillepfannkuchen schmeckt die Vierfruchtmarmelade (rechts auf dem Foto). Zu den Kokospfannkuchen passt gut ein Salat aus Kiwis, Mangos und 1 D. Mandarinen. Verdünnen Sie den Mandarinensaft evtl. mit etwas Wasser. Eine Birne rundet das ganze geschmacklich schön ab. Die restliche Kokosmilch friere ich in Eiswürfelbehältern ein und verwende Sie für eine Kürbissuppe oder zum Verfeinern von Soßen.

Pfannkuchen mit Kokos (ca. 8 Stück, Foto links):
40 g Kokosraspel
im Mixtopf mahlen. 10 Sek. / Stufe 10

Die Raspel in einer Pfanne ohne Öl rösten und umfüllen.

4 Eier, 20 g Zucker,
1 TL Salz, 200 g Kokosmilch, 100 g Mineralwasser,
150 g Mehl, Kokosraspel
im Mixtopf vermischen. 20 Sek. / Stufe 4

kleine Pfannkuchen mit Vanille (ca. 20 Stück, Foto rechts):
3 Eier, 1 TL Salz,
20 g Vanillesirup, 2 P. Vanillezucker, 10 g Rum,
250 g Milch, 200 g Mehl
im Mixtopf vermischen. 20 Sek. / Stufe 4

Jeweils in einer Pfanne mit **Butterschmalz** backen.

Vierfruchtmarmelade:
400 g Erdbeeren, 100 g Kiwi,
400 g Rhabarber, 100 g Bananen,
jeweils in Stücken, im
Mixtopf zerkleinern. 6 Sek. / Stufe 6
330 g Gelierzucker 3:1
zugeben und aufkochen. ca. 12 Min. / 100° / Stufe 2

Die Marmelade sofort in heiß ausgespülte Gläser füllen und verschließen.

Pfannkuchen mit Quarkfüllung

Sooo lecker, da wird niemand nein sagen!

Sie schmecken warm und kalt. Bereiten Sie die Pfannkuchen schon am Vortag zu. Geben Sie zum Teig evtl. noch Mehl oder Milch. Die Konsistenz richtet sich nach der Größe der Eier.

Bei uns gibt's meistens eine Hälfte mit Rosinen, eine Hälfte mit Mandarinen. Für's Buffet: Die kalten, gefüllten Pfannkuchen in kleine Stücke schneiden und mit Zahnstochern versehen.

3 Eier, 1 TL Salz,
300 g Milch, 150 g Mehl
im Mixtopf vermischen. 20 Sek. / Stufe 4

Oder haben Sie für das Eiweiß von der Füllung keine Verwendung, bereiten Sie diesen Teig zu:
1 Ei, 4 Eiweiß, 1 TL Salz,
280 g Milch, 200 g Mehl
vermischen. 20 Sek. / Stufe 4

6 - 7 Pfannkuchen in einer Pfanne mit **Butterschmalz** backen, etwas abkühlen lassen.

500 g Magerquark, 100 g Zucker,
4 Eigelb, 10 g Zitronensaft,
10 g Rum vermischen. 20 Sek. / Stufe 3

Die Quarkmasse auf den Pfannkuchen verstreichen, rundherum einen kleinen Rand freilassen.

Mit **60 g Rosinen** bestreuen und mit **1 D. Mandarinen (Abtropfgewicht 175 g;** gut abgetropft und kleingeschnitten) belegen, aufrollen und in eine gefettete Auflaufform (ca. 28 x 20 cm) legen.

100 g Sahne mit einem Esslöffel auf den Pfannkuchen verteilen. **2 EL Mandelblättchen** in einer Pfanne ohne Öl rösten, auf die Pfannkuchen streuen und backen.

Backzeit: 180°, ca. 15 Min.

Aus dem Ofen nehmen, ca. 10 - 15 Min. ziehen lassen und genießen.

Quarkfladen mit cremiger Marzipansoße

Mit diesen Quarkfladen gibt es nur zufriedene Gesichter am Tisch, sie schmecken einfach nur spitzenmäßig!

Schmeckt auch mit Vanillesoße, Zwetschgen, Pfirsichen aus der Dose, oder auch pur, nur mit Milch beträufelt. Tauschen Sie bei allen Gerichten die Soßen und Beilagen einfach beliebig aus.

Vielen Dank an Bettina und Mike Steger für das Quarkfladen-Rezept.

Quarkfladen:
600 g Milch, 70 g Zucker
im Mixtopf vermischen. 3 Sek. / Stufe 4

In eine gefettete Bratrohrpfanne (ca. 37 x 30 x 7 cm) oder auf ein Blech mit hohem Rand gießen. Der Rand muss mind. 7 cm betragen, damit nichts überkocht.

750 g Magerquark, 7 Eier,
2 P. Vanillezucker,
2 P. Vanillepuddingpulver,
300 g Mehl im Mixtopf verrühren, evtl. mit dem Spatel mitrühren.
25 Sek. / Stufe 6 (TM31)
25 Sek. / Stufe 7 (TM5)

Aus dem Teig 12 Häufchen (je 2 - 3 geh. EL) aufs Blech geben. **Butterflöckchen (ges. 20 g)** darauf verteilen und backen. / Backzeit: 200°, ca. 35 Min.

Nicht wundern, die Fladen gehen im Ofen total auf und fallen nach dem Backen wieder zusammen.

cremige Marzipansoße:
100 g Marzipan-Rohmasse in kleinen Stücken, **350 g Milch,**
3 Eier, evtl. 1 P. Vanillezucker
im Mixtopf erwärmen. 6 Min. / 80° / Stufe 4

Je nach Belieben noch Milch zur Marzipansoße geben. (Die Soße schmeckt gut zu Rohr- oder Dampfnudeln.)

Die Quarkfladen mit der restlichen Milch, die vom Backen in der Form noch übrig bleibt, beträufeln. Mit **Erdbeeren** und viel Marzipansoße servieren.

Quarknockerl mit Rotweinzwetschgen

Köstliches mit Quark und Zwetschgen versüßt Ihnen wunderbar den Tag!

Ich esse die Nockerl gerne ganz frisch, sind aber auch kalt ein Genuss. Reichen Sie die Rotweinzwetschgen z.B. zu den Quarktalern, Rohrnudeln, Dampfnudeln oder zum Grießbrei. Die Zwetschgen für den Vorrat sofort in heiß ausgespülte Gläser füllen. Klappt auch mit gefrorenen Zwetschgen, diese ca. 5 Min. länger kochen lassen. Oder auftauen lassen und mit Saft zugeben.

Quarknockerl:
100 g Margarine, 3 Eier,
1 Pr. Salz, 60 g Zucker,
1 P. Vanillezucker, 500 g Mager-
quark, 50 g Semmelbrösel,
350 g Mehl, 1 TL Backpulver
im Mixtopf vermischen, kräftig
mit dem Spatel mitrühren. 15 Sek. / Stufe 5

Nicht länger rühren! Evtl. nur mit dem Spatel nochmals durchrühren. Mit einem Esslöffel oder bemehlten Händen Nockerl (ges. ca. 25 Stück) formen, in kochendes Salzwasser geben, kurz aufkochen und ca. 15 Min. bei mittlerer Hitze gar ziehen lassen.

Schneller geht's wenn Sie die Nockerl mit einem Esslöffel nur abstechen und ins Wasser geben, jedoch sehen sie nicht ganz so schön aus.

Mit **Zimt-Zucker** bestreuen.

Rotweinzwetschgen:
300 g Rotwein (<u>oder</u> mit
Orangensaft gemischt),
70 g Zucker, 20 g Speise-
stärke, 1 TL Zimt im
Mixtopf erwärmen. 4 Min. / 100° / Stufe 2
600 g Zwetschgen (ent-
steint gewogen) geviertelt
zugeben und erwärmen. 3 Min. / 100° / ↶ / Rührstufe

Je nach Belieben noch etwas Wein/Saft zugeben und warm oder kalt servieren.

Quarkstrudel
Tiroler

Backen Sie für Ihre Lieben was Leckeres!

Der Strudel ist mal wieder zum Reinsetzen, Sie werden sehen, ruck-zuck ist er verputzt.

Die Tiroler schmecken nicht nur total gut, sie eignen sich auch gut zur Semmelverwertung. Hier darf der Thermi auch mal eine Pause machen. Bei meiner Freundin Karola heißen Sie Semmelschnürl.

Ein Tipp von Ihr: Tauchen Sie die gebackenen Tiroler dick in Zucker oder Zimt-Zucker ein.

Quarkstrudel:

50 g Rosinen in **2 EL Rum** einlegen; evtl. schon am Vortag. **50 g Mandelblättchen** in einer Pfanne ohne Öl rösten und umfüllen.

Teig: siehe Apfel-Zwetschgenstrudel auf Seite 22!

250 g Magerquark,
1 P. Vanillepuddingpulver,
70 g Zucker, 200 g Sahne,
1 Eiweiß im Mixtopf verrühren. 10 Sek. / Stufe 3

Rosinen (ohne Flüssigkeit) und Mandelblättchen mit dem Spatel untermischen.

Den Teig teilen und ausrollen (je ca. 40 x 30 cm), mit **40 g zerlassener Butter** bestreichen. Die Masse auf den Teigen verteilen, den Teig an den kürzeren Seiten etwas einschlagen, von der Längsseite her aufrollen, in eine gefettete Auflaufform (ca. 33 x 24 cm) geben, mit **1 verquirltem Eigelb** bestreichen und backen. / Backzeit: 200°, ca. 25 - 30 Min.

Mit **Puderzucker** bestäuben.

Tiroler:

5 altbackene Semmeln in Scheiben schneiden. **280 g Milch** mit **3 Eier, ¼ TL Salz** in einer Schüssel verquirlen (oder im TM: 5 Sek. / Stufe 4), die Scheiben eintauchen und von beiden Seiten in einer Pfanne mit **Butterschmalz (ges. ca. 40 g)** backen.

Mit **Zimt-Zucker** und **Kirschen aus dem Glas, Rotweinzwetschgen oder Zwetschgenkompott** servieren.

Quarkstückchen mit Aprikosenkompott

Lockere und saftige Stückchen schnell gezaubert!

Das Kompott sowie die Nockerl schmecken heiß und kalt.

Das Kompott passt auch z.B. zu Quarkstrudel, Rohrnudeln und zu den Germknödeln Nussknacker. Kombinieren Sie einfach nach Lust und Laune.

Quarkstückchen:

3 Eiweiß, 1 Pr. Salz steif schlagen. (Hierfür verwende ich das Handrührgerät.)

3 Eigelb, 70 g Zucker
im Mixtopf cremig rühren. 1 Min. / Stufe 4
500 g Speisequark (40 %)
60 g Mehl, 1 TL Backpulver unterrühren. 20 Sek. / Stufe 3

Den Eischnee mit dem Spatel unterheben.

Die Masse in eine gefettete Springform (Ø 26 cm) geben und backen.

Backzeit: 180°, ca. 35 Min.

Für mehr „Farbe" einfach etwas länger backen; ich mag sie am liebsten so hell.

Nockerl abstechen oder in Tortenstücke schneiden.

Mit **Puderzucker** bestäuben.

Aprikosenkompott:

Saft von 1 D. Aprikosen (Abtropfgewicht 490 g), 1 P. Soßenpulver Vanille zum Kochen (39 g) im Mixtopf kochen. 6 Min. / 100° / Stufe 3

Die Aprikosen in Spalten schneiden und nur mit dem Spatel untermischen.

Quarktaler mit Brombeerkompott

Ein Lieblingsgericht für Groß und Klein!

Das Kompott schmeckt auch zu Eis oder Pfannkuchen. Zu den Talern passt auch die Erdbeer-Aperol®-Marmelade wunderbar dazu.

Gefrorene Brombeeren (lose eingefroren) können Sie gleich gefroren verarbeiten. Die Garzeit beträgt ca. 9 Min. Essen Sie Magerquark als Nachspeise, vermischen Sie ihn mit etwas Mineralwasser, somit wird er schön cremig.

Quarktaler:

50 g Margarine, 2 Eier,
40 g Zucker, 1 Pr. Salz,
500 g Magerquark,
150 g Mehl im Mix-
topf verrühren. 30 Sek. / Stufe 5 (TM31)
30 Sek. / Stufe 6 (TM5)

30 g Mandelblättchen in einer Pfanne ohne Öl rösten und umfüllen.

Je 1 gehäuften EL Teig in die Pfanne mit **Butterschmalz (ges. ca. 50 g)** geben und bei mittlerer Hitze unter Wenden goldbraun braten. (Nach dem Wenden etwas flachdrücken.)

Mit den Mandeln bestreuen und mit **Puderzucker** bestäuben.

Menge: ca. 22 Stück

Brombeerkompott:

500 g Brombeeren,
40 g Orangensaft, 60 g Zucker,
1 P. Vanillezucker, 10 g Speise-
stärke (mit 60 g Orangensaft
im Messbecher verrührt)
im Mixtopf kochen. 7 Min. / 100° / ↶ / Stufe 1

Kalt oder warm genießen.

Für den Vorrat sofort in heiß ausgespülte Gläser füllen und verschließen.

Rhabarber-Gratin

Süßes trifft Saures: Erdbeeren & Rhabarber ein echter Genuss!

Schmeckt warm am besten.

Probieren Sie dieses Gratin mit Vierfruchtmarmelade statt Erdbeermarmelade; diese Variante kann ich nur empfehlen.

Bestreuen Sie das Gratin vor dem Backen mit Mandelblättchen.

400 g Rhabarber (geschält gewogen) in 2 cm große Stücke schneiden, dicke Stangen längs halbieren, mit **30 g Zucker** und **100 g Erdbeermarmelade** vermischen.

In einer gefetteten Auflaufform (ca. 28 x 20 cm) verteilen.

3 Eiweiß steif schlagen. (Hierfür verwende ich das Handrührgerät.)

3 Eigelb, 20 g Zucker,
250 g Speisequark (40 %),
20 g Speisestärke
im Mixtopf verrühren. 15 Sek. / Stufe 3

Den Eischnee nur mit dem Spatel unterheben.

Die Masse auf dem Obst verteilen und backen.

Backzeit: 180°, ca. 45 Min.

Nach ca. 10 – 15 Min. Abkühlzeit servieren.

Mit **Puderzucker** bestäuben.

Rhabarber-Grießauflauf

Lassen Sie sich diesen traumhaften Auflauf in der Rhabarber-Zeit nicht entgehen!

Genießen Sie ihn heiß, lauwarm oder kalt.

Eierfrischetest: Legen Sie das Ei in ein Glas mit Wasser, ist es nicht mehr frisch, schwimmt es oben im Wasser, ein frisches Ei sinkt nach unten.

500 g Rhabarber (geschält gewogen) in 2 cm große Stücke schneiden und mit **50 g Zucker, ½ TL Zimt** vermischen und kurz ziehen lassen. (Das Wasser abgießen.)

750 g Milch, 1 Pr. Salz,
200 g Hartweizengrieß
im Mixtopf kochen und
umfüllen. 7½ Min. / 100° / Stufe 2

60 g Butter, 150 g Zucker,
1 P. Vanillezucker, 3 Eigelb
cremig rühren. 1 Min. / Stufe 3

3 Eiweiß steif schlagen. (Hierfür verwende ich das Handrührgerät.)

Alles in einer Schüssel vermischen und den Eischnee zum Schluss vorsichtig unterheben. Die Masse in eine gefettete Auflaufform (ca. 33 x 24 cm) geben und backen.

Backzeit: 180°, ca. 65 Min.

Mit **Puderzucker** bestäuben.

Rhabarberlasagne

Süße, fruchtige Träume mit Rhabarber!

Und schon wieder ein Muß zum Nachkochen, die Lasagne schmeckt so unbeschreiblich gut. Also zögern Sie nicht und probieren Sie dieses Rezept gleich aus.

Schmeckt mal wieder heiß, lauwarm und kalt.

Damit Sie die Lasagne auch außerhalb der Saison genießen können, Rhabarberstücke einfrieren und gleich gefroren verarbeiten. Sind die Stücke aneinander festgefroren, lassen Sie ganz kurz heißes Wasser darüberlaufen.

80 g Butter in Stücken,
100 g Zucker, 250 g Magerquark,
250 g Mascarpone, 30 g Kokos-
raspel, 50 g Hartweizengrieß,
1 P. Vanillepuddingpulver,
20 g Milch, 4 Eier
im Mixtopf verrühren. 20 Sek. / Stufe 5

800 g Rhabarber (geschält gewogen) in 1 - 2 cm Stücke schneiden, dicke Stangen längs halbieren.

Mit **80 g Zucker** vermischen; jedoch erst kurz vor der Weiterverarbeitung.

Etwas Quarkmasse, **Lasagneblätter (ges. 7 Stück)**, Rhabarber, Quarkmasse... in eine gefettete Auflaufform (ca. 33 x 24 cm) schichten; mit Quarkmischung beenden. Es ist kein Problem, wenn nicht alle Früchte bedeckt sind.

30 g Kokosraspel darauf verteilen und backen.

Backzeit: 180°, ca. 65 - 70 Min.

(Die Backzeit bleibt auch mit gefrorenem Rhabarber gleich.)

Je nach gewünschter Süße evtl. mit **Puderzucker** bestäuben.

Rhabarber-Quarkstrudel
Rhabarberkompott

Ein Strudel mal etwas anders, testen Sie selbst!

Ich finde ihn lauwarm am besten. Das Kompott schmeckt auch pur als Nachtisch und hält sich gut in Gläsern für den Vorrat.

Rhabarberkompott (siehe auch Tipp auf Seite 4):
500 g Rhabarber (geschält gewogen),
in 2 cm große Stücke, **70 g Wasser,**
70 g Zucker, 1 P. Vanillezucker
im Mixtopf kochen. 5 Min. / 100° / ↶ / Stufe 1

15 g Speisestärke (mit 40 g Wasser im Messbecher verrührt)
Gerät einstellen auf 20 Sek. / 100° / ↶ / Stufe 1
Stärke durch die Deckelöffnung zugeben.
Sollte es nicht eingedickt sein, nochmals kurz aufkochen. Kalt werden lassen. Bereiten Sie es am besten schon am Vortag zu und stellen es in den Kühlschrank.

Rhabarber-Quarkstrudel:
300 g Mehl, 1 Ei, ¼ TL Salz,
100 g lauwarmes Wasser,
30 g Butter verkneten. 2 Min. / Knetstufe

Den Teig halbieren und ausrollen (je ca. 20 x 40 cm), mit **20 g zerlassener Butter** bestreichen, mit **2 EL Paniermehl** bestreuen.

200 g Schmand, 250 g Magerquark, 50 g Zucker, 1 Eigelb, 30 g Hartweizengrieß vermischen. 20 Sek. / Stufe 3

Die Masse auf den Teigen verteilen. 250 g vom Kompott daraufstreichen. An den längeren Seiten etwas einschlagen, von der kurzen Seite her aufrollen und auf ein mit Backpapier belegtes Blech legen. Mit etwas **zerlassener Butter (ges. 40 g)** bestreichen und vorbacken. / Backzeit: 200°, ca. 40 Min.

Nochmals gut mit zerlassener Butter bestreichen, weitere 10 Min. backen. Aus dem Ofen nehmen, mit der restlichen Butter bestreichen, mit **Puderzucker** bestäuben und mit dem restlichem Kompott servieren.

Rohrnudeln mit verschiedenen Füllungen

Locker-flockig, ein Klassiker aus Omas Zeiten! Und auch eine Leibspeise meiner beiden Omas. Ihnen war immer sehr wichtig, daß die Rohrnudeln extra locker wurden und konnten es gar nicht mit ansehen, dass ich sie in der Hand flachgedrückt und gegessen habe; und so mag ich sie heute noch am liebsten.

Die Nudeln können Sie gut abwandeln. Probieren Sie alle Varianten aus und entscheiden dann, welche Ihre Lieblingsnudel wird.

190 g Milch, 10 g Öl,
70 g Butter, 100 g Zucker,
1 Pr. Salz, 1 W. Hefe
im Mixtopf erwärmen. 2 Min. / 37° / Stufe 2
2 Eier, 500 g Mehl
unterkneten. 2 Min. / Knetstufe

Den Teig im Mixtopf ca. 30 Min. gehen lassen (bis der Topf voll ist).

20 g Butterschmalz zerlassen, 1 EL davon in eine Auflaufform (28 x 20 cm) geben. Den Teig mit etwas Mehl bestäuben, 12 Nudeln formen und in die Form setzen. Mit restlichem Butterschmalz bestreichen, mit **etwas Zimt-Zucker** bestreuen und backen.

Backzeit: 180°, ca. 40 Min.

Mit verschiedenen **Füllungen** ist auch für jeden etwas dabei. **(siehe Rezepte auf Seite 5).** Ich finde die Mohn-Marzipan- und die Zimtnudeln am besten, serviere sie aber auch gerne ganz klassisch ohne Füllung z.B. mit den Rotweinzwetschgen oder den Kirschsoßen.

Rupfhauben

Optisch nicht so der Hit, jedoch geschmacklich einfach nur gigantisch!

Als damals Geduld verteilt wurde, war ich anscheinend nicht anwesend, deshalb liebe ich solche Gerichte umso mehr, die gut schmecken und auch noch total schnell zubereitet sind.

Die Rupfhauben koche ich am Herd auf Stufe 3 - 4 (von 9 Stufen). Den Deckel öffne ich erst nach 30 Min. und koche sie evtl. nochmals 5 Min., ebenfalls mit geschlossenem Deckel. Sehr gut eignet sich ein Topf mit Glasdeckel.

350 g Mehl, 1 Ei, 60 g Öl,
100 g lauwarmes Wasser,
10 g Essig, ½ TL Salz
im Mixtopf verkneten. 2 Min. / Knetstufe

Den Teig in 12 Stücke teilen und ganz dünn ausrollen (ca. 20 cm Ø; sie müssen nicht ganz rund sein oder eckig ausrollen, ca. 18 x 18 cm, das ist egal, Hauptsache dünn).

500 g Milch in einem Topf (25 cm Ø) aufkochen.

30 g Zucker und **20 g Butter** zugeben.

500 g Äpfel in Viertel bzw.
Stücke (entkernt und geschält
gewogen) zerkleinern. 1 - 3 Sek. / Stufe 4

Die Äpfel in die Milch geben.

Die Teigflecke in der Mitte hochheben und wie Hauben dicht nebeneinander auf die Äpfel stellen. Mit geschlossenem Deckel ca. 30 - 35 Min. köcheln lassen (siehe Tipp links).

Sofort mit **Zimt-Zucker** servieren, da die Hauben schnell wieder zusammenfallen.

Scheiterhaufen

Ein ganz besonders köstlicher Gruß aus dem Ofen!

Und schon wieder eines meiner Leibgerichte.

Diesen „Haufen“ müssen Sie auch auf alle Fälle testen, er schmeckt sooo gut, dass garantiert nix übrig bleibt.

Sie können auch gefrorene Semmeln verwenden, diese jedoch vorher auftauen.

Verwenden Sie statt Nüsse gehackte Mandeln.

Kombinieren Sie die Beilagen einfach nach Ihrem Geschmack zu den einzelnen Gerichten.

6 altbackene Semmeln in kleine Stücke schneiden und mit **250 g warmer Milch** übergießen.

50 g Haselnüsse im Mixtopf hacken und umfüllen. — 3 - 4 Sek. / Stufe 6 (TM31)
3 - 4 Sek. / Stufe 7 (TM5)

Saft von ½ Zitrone,
500 g Äpfel (entkernt und geschält gewogen) zerkleinern. — 1 - 3 Sek. / Stufe 4

80 g Zucker, 40 g Rosinen, Haselnüsse, **¾ TL Zimt** untermischen. — 5 Sek. / ↺ / Stufe 3

Semmeln und Apfelmasse in eine gefettete Auflaufform (ca. 33 x 24 cm) geben und vorsichtig vermischen.

200 g Sahne, 4 Eier,
80 g Zucker, 100 g Sauerrahm, 100 g Magerquark vermischen. — 10 Sek. / Stufe 4

Den Guss auf dem Auflauf verteilen und backen.

Backzeit: 180°, ca. 35 Min.

Servieren Sie dazu die **Vanille- oder Vanille-Mascarpone-Soße** und **Kirschen aus dem Glas**.

Schokowaffeln mit Soße
Marzipanwaffeln

Genau so müssen Waffeln schmecken! Mit viel Soße, Birnen und Eis ein Traum.

Zu den Marzipanwaffeln passt gut Puderzucker oder Zimt-Zucker und Zwetschgenkompott, Rotweinzwetschgen oder Zwetschgen-Feigen-Marmelade.

Kleine Mengen an Alkohol können Sie gut durch Milch ersetzen.

Siehe auch Tipp auf Seite 30.

Schokowaffeln mit Soße:
150 g Zartbitterschokolade,
50 g Vollmilchschokolade,
200 g Sahne im Mixtopf
schmelzen. 4 Min. / 60° / Stufe 1

220 g der Schokosoße in einen kleinen Topf umfüllen.

Restliche Soße, **150 g Butter**
in Stücken schmelzen. ca. 3 Min. / 60° / Stufe 1
60 g Zucker, 3 Eier,
180 g Milch, 200 g Mehl,
10 g Kakao, 2 TL Back-
pulver verrühren. 15 Sek. / Stufe 5

Portionsweise im Waffeleisen backen (ca. 12 Stück). Den Teig gleich nach der Zubereitung weiterverarbeiten!

Schokosoße evtl. nochmals erwärmen. Die Waffeln mit **Puderzucker** bestäuben und mit **Birnen aus der Dose** und **Vanilleeis** servieren.

Marzipanwaffeln:
120 g Butter in Stücken
im Mixtopf schmelzen. 4 Min. / 60° / Stufe 1
60 g Zucker, 3 Eier,
250 g Mehl, 1 TL Backpulver,
150 g Marzipan-Rohmasse
in Stücken, **60 g Amaretto**
(oder Milch), 150 g Milch,
200 g Sahne unterrühren. 20 Sek. / Stufe 6

Menge: ca. 10 Stück

Schuxen / Vögerl mit Marmeladen

Essen Sie sie lauwarm, können Sie nicht mehr aufhören, bis alle weg sind! Und was für ein Zufall, eines sieht aus wie ein Vögerl. Danke an meine Mama, bei der sie sowieso am allerbesten schmecken. Ich backe die Schuxen statt Kücherl, weil's schneller geht. Sie eignen sich auch gut zum Einfrieren, dann nur kurz im Ofen aufbacken.

Schuxen, auch Vögerl genannt:
260 g Milch, ½ W. Hefe,
150 g Zucker im Mixtopf
erwärmen. 3 Min. / 37° / Stufe 2
500 g Mehl, 1 Ei, 1 Pr. Salz,
10 g Öl unterkneten. 2 Min. / Knetstufe

Ca. 30 Min. gehen lassen (bis der Topf voll ist).

1 l Frittierfett (z.B. Palmin® soft) in einem Topf erhitzen. Mit einem Esslöffel Nocken abstechen und backen, dabei einmal wenden und mit einem Schaumlöffel herausnehmen. Achtung, dass sie durch sind! Mit **Puderzucker** bestäuben. / Menge: ca. 20 - 22 Stück

Verrühren Sie **2 EL weiches Nutella®** mit **3 - 4 EL Sahne** (Foto rechts hinten) und reichen es dazu.

Erdbeer-Aperol®-Marmelade (Foto vorne):
100 g Aperol® (Bitter mit Farbstoff, chininhaltig), 900 g Erdbeeren zerkleinern. 5 Sek. / Stufe 5
330 g Gelierzucker 3:1
zugeben und aufkochen. ca. 12 Min. / 100° / Stufe 2
(auch zu Pfannkuchen sehr gut)

Johannisbeer-Bananenmarmelade (Foto hinten):
800 g Johannisbeeren,
200 g Bananen in Stücken
im Mixtopf zerkleinern. 10 Sek. / Stufe 6
330 g Gelierzucker 3:1
zugeben und aufkochen. ca. 12 Min. / 100° / Stufe 2
Die Marmeladen evtl. ein paar Sek. auf Stufe 10 pürieren.

Stemperl in der Milch

Die sind so richtig lecker!

Das ist ein Rezept von meiner Oma Mudl, bei ihr gab's die allerbesten. In dieser Tasse auf dem Foto hat sie die Milch immer abgemessen, jetzt ist es meine Lieblings-Teetasse.

Bleibt was übrig, die Stemperl mit etwas Milch und evtl. etwas Zucker in einem Topf aufwärmen.

Und genau so wie auf dem Foto kommen die Stemperl auch aus dem Ofen. Meine Fotos sind alle echt und nicht präpariert und darauf lege ich größten Wert.

Am Vortag: **1,5 kg mehligkochende Kartoffeln** kochen und schälen.

450 g Milch mit **60 g (3 geh. EL) Zucker** verrühren.

30 g zerlassenes Schweinefett oder Butterschmalz in eine Bratreine oder Auflaufform (ca. 33 x 21 cm) geben.

Alle Zutaten teilen und auf 2 x im TM verarbeiten:
Kartoffeln in Stücken, **500 g Mehl,**
2 Eier, 2 gestr. TL Salz
im Mixtopf verrühren,

Spatel zum Mitrühren	10 - 15 Sek. / Stufe 4 (TM31)
verwenden.	15 - 20 Sek. / Stufe 4 (TM5)

Nicht länger rühren, sonst wird der Teig klebrig! Mit den Händen evtl. kurz verkneten und evtl. noch etwas Mehl unterkneten (liegt an der Beschaffenheit der Kartoffeln).

Den Teig auf bemehlter Arbeitsfläche zu Stemperln formen und „kreuz und quer" in die Form einschichten. Die Milch (der Zucker muss aufgelöst sein) über die Stemperl gießen und vorbacken.

Backzeit: 200° 35 Min., auf 180° runterschalten und weitere 20 Min. backen.

2 Eier verquirlen und die Stemperl mithilfe einer Gabel überziehen und nochmals ca. 10 Min. backen.

Ich esse sie am liebsten pur, es passt jedoch hervorragend **Sauerkraut** dazu (z.B. aus Band 7, Seite 117, jedoch würde ich den Speck weglassen).

Zwetschgen-Äpfel-Birnen-Crumble

Ein zarter Fruchtgenuss, ganz schnell im Ofen; nur nicht ganz so fotogen, dafür sooo gut im Geschmack!

Kleine Formen, große Wirkung: Backen Sie das Crumble für Gäste in kleinen ofenfesten Formen.

Beobachten Sie bei der Zubereitung der Streusel durch die Deckelöffnung, wann sie fertig sind. Streusel haben immer eine unterschiedliche Zubereitungszeit. Siehe auch Tipp auf Seite 4.

350 g Zwetschgen (entkernt gewogen) geviertelt, **200 g Äpfel, 200 g Birnen** (jeweils entkernt und geschält gewogen) gewürfelt, in eine gefettete Auflaufform (28 x 20 cm) geben. Ich nehme gerne noch eine **Banane** dazu (Menge vom o.g. Obst abziehen), diese unbedingt mit etwas Zitronensaft beträufeln.

60 g Haselnüsse im Mixtopf hacken und umfüllen.	5 Sek. / Stufe 6 (TM31) 5 Sek. / Stufe 7 (TM5)
120 g Butter in Stücken im Mixtopf schmelzen.	4 Min. / 37° / Stufe 2
70 g Zucker, 1 P. Vanillezucker, 160 g Mehl, ½ TL Zimt, geh. Nüsse unterrühren.	ca. 10 Sek. / Stufe 5
Mit dem Spatel nach unten schieben, verrühren.	ca. 2 - 4 Sek. / Stufe 5

Die Streusel auf den Früchten verteilen bzw. noch etwas zerbröseln, mit **1 TL braunem Zucker** bestreuen und backen.

Backzeit: 200°, ca. 30 Min.

Aus dem Ofen nehmen, ca. 10 - 15 Min. ziehen lassen und genießen. **Evtl. geschlagene Sahne** dazu reichen.

Wählen bzw. mischen Sie das Obst beliebig. Nehmen Sie z.B. 350 g Aprikosen bzw. Mirabellen und 400 g Zwetschgen. Zwetschgen verwende ich auch gerne gefroren. Nur kurz mit warmem Wasser übergießen, damit die Eiskristalle weg sind. Mit gefrorenen Früchten ist das Crumble nur ein kleines bisschen flüssiger. Auch gut mit Pinienkernen/Walnüssen.

Rezeptverzeichnis:

Rezeptverzeichnis:

Rezeptverzeichnis:

B. 1: Leckere Kuchen blitzschnell gezaubert

Apfel-Walnuss-kuchen

Blitzkäse-kuchen

Brownies

Cappuccino-Kuchen

Heißer Butterkuchen

Karotten-kuchen

Kartoffel-kuchen

Kirsch-Marzipan-kuchen

Mohnkuchen Martina

Nusskuchen nach Omas Art

Nuss-Nougat-kuchen

Sacher-schnitten

Studenten-futter-Kuchen

Walnuss-Schnitten

Zitronenkuchen mit Schokoguss

Weitere Fotos, das komplette Inhaltsverzeichnis und Bestellmöglichkeit in meinem Online-Shop:

www.christines-rezepte.de

B. 2: Torten · Schnitten · Kuchen, die müssen Sie versuchen

Ananas-Kokostorte

Birnen-Sekt-kuchen

Erdbeer-bombe

Erdbeer-schnitten

Himbeer-Frisch-käse-Torte

Johannisbeer-Zupfkuchen

Käsekuchen

Kirsch-Bananen-Torte

Maracuja-Käsesahne

Mohn-Pudding-kuchen

Müsliriegel

Nuss-Marzipan-Zopf

Obstgarten-Torte

Schmandkuchen

Zimt-Mandarinen-schnitten

B. 3: Noch mehr... Torten · Schnitten · Kuchen

Amaretto-Kuppeltorte

Brombeer-Streuselkuchen

Eierlikör-Käsesahne

Erdbeer-Kokos-Torte

Espresso-Torte

Kiwi-Bananen-Torte

Krümeltorte

Latte-Macchiato-Torte

Quarkmäuse

Rhabarber-Baiserkuchen

Rhabarber-Donauwelle

Rumschnitten

Tiramisu-Schnitten

Zitronen-Keks-Schnitten

Zwetschgen-Mohnschnecke

Weitere Fotos, das komplette Inhaltsverzeichnis und Bestellmöglichkeit in meinem Online-Shop:

www.christines-rezepte.de

B. 4: Himmlische Plätzchen wie von Engeln gebacken

Glücks-schweinchen

Hafer-plätzchen

Heilig-Abend-Gebäck

Kirschsterne

Knusperstangen

Kokoswürfel

Mandelwellen

Marzipan-Walnuss-Pralinen

Nussplätzchen ungarisch

Nuss-Stäbchen

Schokoladen-kringel

Stollen-plätzchen

Walnuss-häppchen

Zimtkugeln

Zitronen-Schokokugeln

B. 5: „drunter & drüber" Brote, Semmeln und Aufstriche

Brie-Preisel-
beer-Creme

Dinkel-
Roggenbrot

Eiercreme

Frühstücks-
semmeln

Joghurtbrot
Fladenbrot

Käsestangen
Käsebaguettes

Käse-Tatar

Kaisersemmeln

Marmelade
„Sunrise"

Maurersemmeln

Mettwurst
Mohnsemmeln

Rucola-
Aufstriche

Südländische
Aufstriche

Walnussbrot

Zucchinibrot
Tomatenbutter

Weitere Fotos, das komplette Inhaltsverzeichnis
und Bestellmöglichkeit in meinem Online-Shop:

www.christines-rezepte.de

B. 6: ...und die Party kann beginnen!

Brunch®-Pizza

Champignon-
Torte

Flammkuchen
mit Lachs

Französische
Tarte

Käsebissen

Käseplätzchen

Krautsalat
auf Vorrat

Lachstorte

Parmesan-
Stangen

Partyzopf

Rahmfleckerl

Ruck-Zuck-
Hörnchen

Schinken-Käse-
Zupfkuchen

Speck-Käse-
Schnecken

Zucchini-Mozza-
rella-Happen

B. 7: Hauptgerichte schnell gemacht... (auch f. Vegetarier)

Chinasuppe

Curryreis mit Hähnchen

Gulasch

Käseschnitzel Tomatenspätzle

Kürbis mit Hackfleischfüllung

Lachs mit Wildreis Cambozola

Nudelauflauf mexikanisch

Nudeltopf Arrabiata

Paprikaschnitzel mit Reis

Rohkostsalate

Sauerkraut mit Kasseler

Schupfnudeln

Seelachs mit Senf-Curry-Soße

Suflaki mit Reis und Zaziki

Zucchinipuffer

Weitere Fotos, das komplette Inhaltsverzeichnis und Bestellmöglichkeit in meinem Online-Shop:

www.christines-rezepte.de